黑龙江省精品工程专项资金资助出版



# 船舶与海洋工程流体力学试验技术

胡开业　丁　勇　王宏伟　编著

哈尔滨工程大学出版社
Harbin Engineering University Press

## 内容简介

本书系统地介绍了船舶与海洋工程流体力学试验技术，内容包括相似理论和量纲分析，船舶与海洋工程流体力学试验涉及的试验设备和测量系统、流动显示技术、数据采集与处理技术、船舶流体力学性能试验和海洋工程流体力学试验。

本书可作为船舶与海洋工程、力学相关专业的本科生或研究生教材，也可供从事船舶与海洋工程研究、设计的科技人员参考。


**图书在版编目(CIP)数据**

船舶与海洋工程流体力学试验技术 / 胡开业，丁勇，王宏伟编著. —哈尔滨：哈尔滨工程大学出版社，2020.8

ISBN 978-7-5661-2730-3

Ⅰ. ①船… Ⅱ. ①胡… ②丁… ③王… Ⅲ. ①船舶流体力学-高等学校-教学 Ⅳ. ①U661.1

中国版本图书馆 CIP 数据核字(2020)第 139450 号

**选题策划** 张玮琪 雷 霞
**责任编辑** 雷 霞 宗盼盼
**封面设计** 刘长友

---

**出版发行** 哈尔滨工程大学出版社
**社　　址** 哈尔滨市南岗区南通大街 145 号
**邮政编码** 150001
**发行电话** 0451-82519328
**传　　真** 0451-82519699
**经　　销** 新华书店
**印　　刷** 哈尔滨市石桥印务有限公司
**开　　本** 787 mm×1 092 mm 1/16
**印　　张** 9
**字　　数** 237 千字
**版　　次** 2020 年 8 月第 1 版
**印　　次** 2020 年 8 月第 1 次印刷
**定　　价** 30.00 元
http://www.hrbeupress.com
E-mail: heupress@hrbeu.edu.cn

# 前　言

船舶与海洋工程流体力学试验是研究船舶及海洋工程流体动力性能的重要方法，船舶及海洋工程水动力性能各学科的理论发展也离不开试验技术。通过试验，学习者可对船舶及海洋工程结构物在海洋环境中所发生的物理过程有更深刻的理解。它可以促进理论工作进一步发展，使工程设计中所应用的计算方法不断完善，提高理论研究和工程设计能力，改进船舶及海洋工程结构物的水动力性能。近十几年来，随着计算机技术、各类测试仪器设备、测试分析技术的发展及广泛应用，船舶与海洋工程流体力学试验技术已较为完善，本书对该试验技术进行了系统的介绍。

全书共 7 章，第 1 章绪论，第 2 章相似理论和量纲分析，第 3 章试验设备和测量系统，第 4 章流动显示技术，第 5 章数据采集与处理技术，第 6 章船舶流体力学性能试验，第 7 章海洋工程流体力学试验。本书的第 1 章、第 2 章和第 6 章由胡开业编写，第 4 章由丁勇编写，第 3 章、第 5 章和第 7 章由王宏伟编写，全书由胡开业统稿。

由于作者水平有限，书中难免有不妥之处，恳请广大读者批评指正。

编著者<br>2020 年 6 月

# 目　　录

# 第1章 绪 论

## 1.1 船舶流体力学试验的目的与意义

船舶流体力学是流体力学在船舶领域的一个分支,是流体力学在船舶工程学中具体应用和深化所形成的。船舶流体力学具有强烈的应用色彩,它集中研究流体——水与浮体(包括船舶及海洋工程结构物)之间的相互关系和影响,最终目的是预报和改善浮体的水动力性能。

船舶流体力学是船舶水动力性能研究的理论基础,船舶水动力性能的研究主要有理论与试验两种方法。理论为试验提供依据和试验方向,而试验则是验证理论合理性的方法。研究船舶水动力性能的重要方法是试验。船舶水动力性能试验有两种方式,即实船试验和船模试验。前者是用实船在实际环境条件下试验,后者则是用物理模型在实验室内进行试验。把这两种方式进行比较,船模试验不受自然环境条件的限制,也无配载的困难,试验内容可以多种多样,且可重复进行,所花的人力、物力、时间都比实船试验要少得多。就科学研究而言,船模试验比实船试验具有更重要的意义。研究新的船型,探讨影响船舶水动力性能的各种因素,最有效的途径是进行船模试验。探讨船舶翻沉的原因,通常也是进行船模试验。船舶水动力性能各方面的理论发展也离不开船模试验。通过船模试验,可以对船舶在航行中所发生的物理过程有更深刻的理解。它可以促进理论工作进一步发展,使工程设计中所应用的计算方法不断完善,提高理论研究和工程设计能力,改进船舶的水动力性能。因此,世界上造船工业比较发达的国家,无不重视船模试验池的建设并相应地发展船模试验技术。

## 1.2 各国船舶流体力学试验技术综述

在实验室中进行模型试验,必须对试验对象和必要的环境条件进行物理模拟,采用科学的测试方法和有效的测试手段进行测量,经过数据处理,对试验结果进行计算和分析,得出所需的结果,这就是船舶试验技术的全部内容。

船舶流体力学试验技术水平取决于造船科学和其他有关科学技术的发展水平。下面将船舶流体力学的具体研究专题细分为船舶阻力、船舶推进、船舶操纵性和船舶耐波性等多个专题,简述其发展现状。

### 1.2.1 船舶阻力

出于对理论发展现实和对阻力性能改善余度的考虑,长期以来人们对船舶阻力的研究主要集中在兴波阻力上。兴波阻力的本质问题是波动解析问题，自由面非线性的存在和实际船型的复杂，给这个问题的圆满解决带来了相当大的困难。

1898 年，Michell 借助 Fourier 积分定理，求得线性自由面条件下薄船的速度势，导出了历史上第一个兴波阻力公式。在 Michell 薄船理论的基础上，逐渐衍生并发展出了多种研究兴波阻力的理论与方法，包括：①属线性理论范畴的扁平船理论——细长船理论；②属非线性理论范畴的高阶薄船理论——基于坐标变形的 Guilloton - Gadd 法；③属非线性理论范畴的流线追踪法——慢船理论；④高阶兴波阻力理论。

从计算结果的有效期来看，作为多种理论研究基础的 Michell 薄船理论仅适用于高速极薄物体的定性分析，除了 $L/B$（$L$ 为船长，$B$ 为型宽）特别大的船外，计算量值与试验值相差较大，尤其在低速区域出现反复振荡的峰谷现象。适用于丰满船型的慢船理论的计算结果较之薄船理论有明显的改进，其中以 Dawson 于 1977 年提出的方法最为理想，是目前公认最实用的方法之一。

在此基础上，Wigleg、Kang 等人考虑了黏性修正，Chow、Shahshahan 等人考虑了边界层对兴波阻力的影响。Wehausen 在高阶薄船理论研究中指出了线积分的重要性，由此线积分的物理解释与理论处理引起了人们的极大关注。Brard 在线性自由面条件的假定下慎重地处理了严格的线性边值问题（Newman - Kelvin 问题）后指出，线积分项在肥大船型的低速区域具有重要的影响力。

在理论研究的同时，人们还探讨了多种数值方法，主要有有限差分法、有限元法和多层网格 - 分裂外推法。有限差分法多用于线性与非线性船波问题的研究，随着非线性船波理论的发展和大容量计算机的出现，人们发展了多层网格 - 分裂外推法，不仅能加快计算机的收敛速度，还有利于求解边界奇异积分方程。在势流兴波理论中多采用边界元法。在船体附近有限区域的局部利用有限元法，而在外域利用边界元法，用这样的耦合元法来计算兴波阻力和非线性船波可得到较好的结果。

近年来，人们发展了时域分析法来研究船体兴波、兴波阻力和波浪中的增阻等问题。

波形分析是自 20 世纪 60 年代初期发展起来的一种与试验相结合确定波形阻力的分析技术，并被广泛利用。波形分析法中，一类是直接由波形测量求出波幅函数，进而求波形阻力；另一类是利用实测波形求船体的等价奇点，通过等价奇点求兴波阻力、波形和压力分布等。

值得指出的是，Inui 在船波立体消波特例里，球艏减阻技术方面获得了极大的成功，并提出了无波船型的思想。

自诸如气垫船、双体船、小水线面双体船等许多高性能船出现后，近十多年来兴波阻力理论的发展主要在于扩展上述传统理论方法，使之能应用于各种新型船的兴波阻力预报和设计。

而在模型试验方面，船舶阻力试验由于波浪的无规律性，现在大多使用简单易行的船舶静水阻力试验来测定阻力，然后换算成实船阻力。但是静水阻力试验也有其缺点：由于是在静水中，其无法完全反映船与水之间的影响和作用。

由于受理论发展、研究和计算条件的限制，长期以来人们从宏观上传统地认同 Froude 假设。近年来，人们着手通过求解 N - S 方程或雷诺平均方程直接求解船体表面切向和法向应力，进而预报总阻力。通过求解流场中的速度分布以求流场流动和表面波形。日野孝则在 1996 年对船体周围黏流计算的数值方法进行了研究。相信随着人们对黏流的微观认识的不断透彻，这样的研究工作不仅是一种发展趋势，而且会有根本性的突破。

### 1.2.2 船舶推进

人们对船舶推进器的研究多集中于螺旋桨，成熟应用于螺旋桨性能研究的主要有升力面理论和面元法。

升力面理论由早期针对大展弦比的二元切片理论发展至解决具有三元流动的小展弦比翼的升力问题，直至解决具有螺旋形叶片与涡片且叶片间相互干扰的螺旋桨性能问题。早期应用升力面理论于螺旋桨性能预报和设计做出重要贡献的有 Cox&Morgan 和 Kerwin。据权威人士称，近几年来的升力面理论研究无大的进展，针对解析模型中涉及的不同尾涡模型，只在参数上做些经验或假设性的改变，而升力面理论的发展主要在于扩展它的方法，使之能应用于特种推进器的性能预报和设计，如导管桨、对转桨、桨前加预旋叶、桨后加定子等特种推进器。我国在升力面理论计算方法方面无论是对定常还是非定常问题均已具备多种计算程序应用于设计和性能预报（包括组合式的特种推进器），但由于理论计算与实际结果之间总存在一定的差异（据说国外亦如此），故在工程应用上需进一步建立有效的数据库，得出相关的经验修正关系是今后有实际意义的工作。

面元法最早应用于航空，在 20 世纪 80 年代才用于螺旋桨。面元法早期多以速度为基础，但现在均以速度势为基础，是螺旋桨势流法中的主要发展方向。目前，面元法能解决的主要是定常问题，非定常面元法尚在发展之初。面元法计算压力分布比较准确，这是面元法的优势所在。因此，人们在面元法的基础上研究计算螺旋桨的空泡。当前，应用面元法研究的主要内容集中在计算方法上及尾涡的解析模型上。计算方法包括网格的划分（多边形元或多阶元等）、大侧斜桨梢部网格及计算的处理、库塔条件的处理等，以期提高计算精度。我国在面元法的研究方面起步较早，主要单位有中国船舶重工集团公司第七〇二研究所（简称“702 所”，又称“中国船舶科学研究中心”）和上海交通大学，研究水平在定常问题上与国际水平相当。受计算条件的制约，国内在一个叶片邦的网格划分数只能做到 10 × 16，而国外能做到 30 × 20。国内对非定常问题研究也已经起步。

随着计算流体力学的发展，从黏流的范畴来研究螺旋桨理论计算方法已起步，这一方面涉及的并已有人研究的有这样几个问题：①螺旋桨附面层的理论计算；②桨周围黏流场的计算（国内外均基于 RANS 方程解算）；③从黏流的范畴考虑桨与船体的相互作用，早期把桨视作一个鼓动盘，现已发展到将体积力分布于实际桨叶所指体积中，随桨旋转；④桨后尾流场的计算（通常认为桨尾涡模型在桨后一定距离对桨本身的水动力计算影响不大，但对于组合推进器，对桨后尾流场进行准确预报，则只能寄希望于黏流计算）。对上述问题的研究，公开发表的论文不多，这是螺旋桨研究的一个趋势，国内研究者已着手上述问题的研究了。

在模型试验方面，敞水试验是船舶推进的主要试验。敞水试验是检定和分析螺旋桨性能的试验，它可以在船模试验池、循环水槽或空泡水洞中进行。

另外，空泡、噪声与激振等亦是螺旋桨研究中的重大课题内容，这里不再赘述。

### 1.2.3 船舶操纵性

1946 年，Davidson 基于理论力学和流体力学基本原理首先提出了较为完整的船舶在水中操纵状态下的运动方程：

$$\begin{cases}(m + m_x)\dot{u}_x - (m + m_y)u_y\dot{\theta} = X(v,\dot{v},\theta,\dot{\theta},\delta,\dot{\delta})\\(m + m_y)\dot{u}_y + (m + m_x)u_x\dot{\theta} = Y\\(I_{zz} + J_{zz})\ddot{\theta} = N\end{cases} \tag{1.1}$$

关于此式中的流体动力,左边的附加质量早期有 Lewis 和元良诚三的研究,右边的水动力则有井上正古按 Lamb 三轴椭圆体来计算。另外,野本将操纵运动看作船舶对操舵输入的响应输出,对得到的操纵运动的响应方程取拉普拉斯变换,获得了用回转指数 $K$ 和时间指数 $T$ 表示的一阶 $K-T$ 操纵方程。自此,对船舶操纵性的研究就从流体动力模型和响应模型这两个方向发展至今。

随着旋臂装置和平面运动机构(PMM)的出现,Abkowity 在 1967 年首先将方程中的流体动力对 $\nu$、$\theta$ 和 $\delta$ 及其时间导数做泰勒展开,以多项式示之,则出现了许多流体动力导数,由此开创了从流体动力的角度认识和研究船舶操纵性的途径。之后,随着人们对船舶在水中操纵运动时所受的力的认识不断加深,以及各种试验设备和模型试验手段的出现,相继提出了许多不同表达形式的操纵运动方程,如 Gertler 的六自由度标准运动方程、日本 MMG 水面船三自由度运动方程、Gill 的水面船非线性运动方程等。这些方程的主要区别在于:①流体动力关于运动、速度和舵角等参数展开后的阶数与表达形式不同(目的之一是更易于从试验或理论估算中获得水动力导数);②对推进器负荷和航速的改变对水动力产生的影响的考虑不同;③获取水动力导数的方式不同;④对黏流影响的考虑不同;⑤对大幅运动时非线性和黏流影响、航道限制等因素的考虑不同。正由于讨论不同条件下的运动而衍生了许多操纵运动方程,因此对运动方程的描述、表达和求解产生了各自不同的形式,或者说产生了混乱的局面,这一点在我国显得尤为突出,至今仍无严格意义上的统一和规范。

模型试验目前仍是船舶操纵性研究的主要方法。自航模试验可以直接模拟实船试验以鉴定操纵性的优劣,还可以通过试验求出船舶对操纵的响应函数。但也注意到,自航模与实船间仍缺乏操舵的"实时效应"以及尺度效应。小舵角下的模型试验结果与实船试验结果相差较大。在准定常假设前提下,约束模试验是获得水动力的最有效途径。20 世纪 40~60 年代,曾兴起建旋臂水池以获取旋转导数,后发展了平面运动机构,不仅可测速度、加速度导数以及角速度导数等多种水动力参数,而且使用方便,用途广泛,若与拖车建立子母关系,则还可以替代旋臂专用水池。但与水池相比,平面运动机构的不足之处是对大角度和大角速度的非线性测定有困难,此外,目前它还不能测定双平面运动的交叉导数。建立大振幅平面运动机构可弥补这些缺陷。如荷兰 Delft 水动力实验室在 1987 年开发了一种将约束、自航模试验和系统辨识技术结合的试验设备与技术,在船模首尾安装可测力的数控风扇,应用激光技术测定模型轨迹,除可进行自航模试验外,还可代替平面运动机构和旋臂试验。此外,循环水槽、风洞和水洞等也是操纵性试验的重要设备。由于船舶操纵性指标不像快速性指标那样明确,而且其具体要求又随航行任务、吨位和航速的不同而不同,目前还不能用一两种试验方法来全面正确地预报实船的操纵性,应采用多种以及相互比较的试验方法才能比较全面地反映出船舶的操纵性。

比起其他专题研究,我国在水动力理论计算方面的研究力量是相当薄弱的,研究内容缺乏系统性,虽说有进展,但这种进展不是研究的深入,而是对具体问题的一般性应用。有鉴于此,权威人士指出,我国在这一方面的研究活动应借助水动力学的基本理论,针对某些船型,结合约束模型系列试验和回归分析方法,以求获得可供工程计算实用的水动力半经验估算公式。近年来,国内在试验技术上有所发展的是上海交通大学研制的激光船模轨迹仪和随机二进制操舵装置,前者可自动测定船模的轨迹和漂角,后者用于随机操舵试验以辨识操纵响应模型中的水动力参数。此外,海军工程大学研制了水声式自航模轨迹仪以及可实时处理数据的无线电遥测系统,中国船舶科学研究中心研制了数字式操舵仪及测试数据采集系统。在约束模试验方面,中国船舶科学研究中心对 Mariner 船模在拖曳水池和水池中进行了大量的研究试验,海军工程大学应用斜拖试验测定了高速方尾型四自由度的船体位置导数和船桨舵的相互干扰,结合自航模试验估算的旋转导数,实现了操纵性预报。

以上仅就流体动力模型概念下的有关操纵性进展做一简述。船舶操纵性涉及内容非常丰富,这里就不一一赘述了。

### 1.2.4 船舶耐波性

船舶耐波性主要涉及船舶在波浪上的运动、受力、失速、砰击和甲板上浪等问题,其核心是波浪与船体的相互作用问题。

从 20 世纪 40 年代起,人们开始致力于船舶摇荡流体动力理论的建立,Haskind 在 1946 年应用 Green 定理构造了由于船体的存在和运动引起的扰动速度势,并首次在线性理论范围内把扰动势分成绕射势和辐射势分别求解。同一时期,Havelock、Ursell 等人对速度势边值问题的求解进行的研究有了两个突破性进展:其一是频谱分析方法的引入,St. Denis&Pierson 在 1953 年提出了不规则海浪中船舶运动计算的理论方法;其二是切片理论在船舶摇荡预报中的应用。用切片法理论进行船舶在波浪中运动的计算和评估已发展成一种常规的实用手段,在工程上得到普遍的应用。20 世纪 70 年代,随着船舶与海洋工程结构物应用背景的迫切需要和高速大容量计算机的问世,运用三维频域法从事流体动力的数值计算方法得到了迅猛的发展。人们采用不同的奇点分布模式研究了无航速和有航速的三维零航速方法预报,评估船舶或海洋工程结构物的受力和运动性能已经成熟,具有相当的可靠性;而对于低航速和全航速的三维计算方法,还有待发展使之获得工程上的实用。

与此同时,人们基于 Finkelstin 和 Cummin 的研究成果,采用时域分析法讨论波物相互作用问题,较好地解决了有、无航速时的二维和三维线性绕射与辐射问题,特别是段文洋和戴遗山在 1995—1998 年圆满地解决了斜壁浮体应用源分布法进行线性时域水动力计算这一多年困扰时域分析法发展的难题。

物体在波浪上的运动与受力是非线性的。物体在波浪作用下,除以波浪频率做线性摇摆外,还在定常的或缓变的波浪力作用下伴有平均位置的漂移,在高频波浪力的作用下产生高频振荡。用于解释和分析上述非线性现象的二阶频域理论始于 20 世纪 60 年代,之后引起了许多研究者的极大兴趣,发表了不少研究文献。归纳起来,对二阶理论的研究大致有两大类:第一类为严格求解二阶势以获取完整意义上的二阶力;第二类则不计二阶势对二阶力的贡献而称之为一阶势方法,其中一种是只考虑一阶势及其耦合时二阶力贡献的近场积分法,另一种是利用能量和动量守恒的远场方法,还有一种就是引进二阶替代势的方法。

为讨论和分析物体做任意大幅运动问题,人们又相继提出物面非线性理论和完全非线性理论,对前者问题的求解方法有 Rankine 法和时域 Green 函数法,对后者则多用边界积分法方程时间步进法予以求解。近年来,人们利用频域或时域面非线性理论计算近波面运动潜体的非线性波浪力获得了很好的结果,对水面浮体也做了不少研究。段文洋和戴遗山在1998年采用边界元时间步进法求解完全非线性问题时,在物体与自由面交界的处理和远场控制面的处理的许多难点问题的研究上取得了突破性的进展。

总的来说,在包括二阶波浪力在内的波物相互作用非线性问题研究方面取得了可喜的成果,目前仍然引起许多研究者的兴趣。但对非线性问题性质的认识,理论预报的有效性(validation)、试验验证和工程应用等多个方面还有待进一步发展,利用物面非线性理论预报近波面运动潜体的非线性波浪力已取得了可信的结果。因此可以在此基础上发展运动预报方法。

尽管基于势流理论和计算流体动力学(computational fluid dynamics,CFD)的数值程序在常规船型的载荷和运动响应预报方面已经越来越准确可靠,但模型试验仍然是不可或缺的,尤其是涉及新船型和数值模拟程序的验证等问题。

Roused 等进行了零航速不规则波、单向波和双向波下的船模试验,研究了不同工况下波浪砰击发生的位置和频率、船舶运动响应和载荷。Chiu 等对不规则波中高速船的非线性船体表面压力进行了试验测量,研究侧重于对水线面和船首处间歇性出水部分压力的测量,还对大横升角造成的水面爬升效应情况进行了研究。Hermanslci 和 Kim 对潜水艇在水面航行时的耐波性进行了试验研究,在他们2010年发表的论文中指出了考虑外壳和压力壳间自由水流对潜艇横摇响应计算的重要性。

随着天然气产量的上升及天然气在产区与需求地区间的大量运输,对于安全的液化天然气运输船的需求越来越高。这也带动了对液化天然气晃荡现象及其与船舶运动间的相互作用的试验研究和研发项目。对于晃荡特性的研究是液化天然气储存系统设计的基础,Yung 等通过对晃荡的基础研究来尝试确定相关的无量纲化系数,用以确保考虑压力的缩尺模型试验与实尺度间的相似关系。晃荡模型试验中得到的壁面压力数据需要转化为实船尺度,然而对于涉及多相流的晃荡运动其相似关系还很难确定。Kimmoun 等尝试对晃荡模型试验中存在的可压缩偏差进行验证,研究中采用两个不同缩尺比的模型进行试验,并给出了两个不同缩尺比下得到相对近似结果的方法。Maillard 和 Brosset 从理论、试验和数值模拟三方面研究了液体气液比例对晃荡的影响,并建议模型试验应采用混有硫氟化合物 $SF_6$ 和氮气的水进行。Jeon 等对 138K 的液化天然气船(LNGC)储罐的 1/25,1/50,1/100 三个不同缩尺比的模型进行了晃荡试验,来研究弗劳德数相似关系下避免压力结果受尺度效应的影响。Kim 等通过 138K 的 LNGC 储罐的1/25缩尺比的模型对晃荡的水动力影响进行了试验研究。

在耐波性试验中,海洋环境特别是波浪的模拟对试验精度是非常重要的。Masterton 和 Swan 在伦敦帝国理工学院的水动力实验室中采用聚焦波方法代替传统的规则波群对新的三维造波水池进行标定。该研究基于琼斯韦伯(JONSWAP)波浪谱进行标定,详细介绍了所采用的方法,并指出了聚焦波理论在消除水池边界反射波浪造成的伪标定效应上的应用。

Spinneken 和 Swan 对一种新的二阶规则波造波理论进行了试验验证,这一理论基于力反馈控制采用摇板式造波机生成规则波。

近年来,极限海况和畸形波研究开始受到广泛重视,且其与海洋结构物相互作用的水池模型试验研究具有重要的实际意义,但水池中极限浪与畸形波的生成还有很大的难度。Petrova 和 Guedes Soares 对海洋工程水池中基于 JONSWAP 波浪谱生成的深水不规则波中的极限大幅波浪进行了统计分析。采用一阶和二阶统计模型对观测到的大幅波浪的波峰幅度和波高进行拟合分析。

Clauss 在 2008 年提出一种生成一簇波浪来模拟极限海况的方法,此方法分为两步进行,能够生成所要求的极限海况下的畸形波。应用此方法可以进行畸形波与海洋结构物相互作用机制的研究,包括倾覆、砰击和甲板上浪等问题;甚至可以在水池中模拟 Draupner 新年波并分析畸形波的发展及海洋结构物在畸形波下的响应。Clauss 等在欧盟"Handling Waves"项目的资助下,进一步系统地对三艘船舶在极限波浪下的垂向波浪弯矩进行了水池模型试验研究。试验包括不同航速和浪向的多个工况,结果显示畸形波对垂向波浪弯矩有很大影响。

船舶流体力学的发展得力于数学、流体力学以及其他相关学科知识与技术的推动,取得的许多研究成果在工程上得到了实际应用,对船舶工程设计与优化、船舶航行性能的预报都有极大的推动作用。

### 1.2.5 海洋工程水动力性能

海洋开发同原子能开发、宇宙开发一样,作为一门重大学科技术为世界各国所重视。从20世纪60年代开始,世界上一些技术先进的国家相继加速了对海洋科学的研究,投入了大量的人力和物力,建立了各种实验室并研究了各种海洋平台、工作船、支援母船及潜水艇等。利用模型试验对船舶航行性能的研究已有150多年的历史,对海洋平台在风、浪、流联合作用下的运动及载荷等问题的研究也有近50年的历史。

物理模型试验一直是海洋工程领域不可或缺和相对可靠的研究手段,也是检验理论和数值预报有效性的重要手段。对于海洋深水工程,尤其是非线性问题、黏性问题和极端海况模拟等许多机理性问题更加突出,许多理论和数值预报手段还处在发展和完善之中,即使使用已经比较成熟的数值计算方法和软件也会由于海洋深水环境的复杂性而暴露出种种局限性。因而,在海洋深水结构物的性能预报与设计优化、安全性评估、事故再现与验证方面,深水模拟试验技术具有不可代替的重要作用。

近年来,世界各个国家建成和在建的可开展海洋工程模型试验研究的试验装置正逐步增加。随着海洋工程试验需求的增加和试验设施的逐步兴建,海洋工程试验研究技术也日益发展起来。然而海洋深水油气开发工程的工作水深越来越深,而对应的海洋工程深水试验池的尺度有限,要把海洋深水作业平台及其系泊系统和立管系统等试验模型按常规方法进行模拟和布置已几乎不可能。因此,深水模拟试验技术除了常规的模型试验技术之外,还有许多特殊的问题需要探索和解决,主要包括以下几个方面:

(1)深海环境模拟技术;

(2)深海平台的混合试验方法、理论和技术;

(3)深海平台模型制作与物理特性模拟技术;

(4)深水系泊系统、立管系统的模型制作与物理特性模拟及测试技术;

(5)深吃水立柱式平台涡激运动;

(6)深海柔性构件涡激振动模型试验技术;

(7)甲板上浪、气隙、砰击、波浪爬升模型试验技术;

(8)动力定位系统模型试验技术;

(9)模型试验中的数值模拟分析技术等。

# 第2章　相似理论和量纲分析

自然界的一切物理体系中,有各种不同的变化过程。几个物理现象相似,是指几个物理体系的形态和某种变化过程相似。

相似通常有三种情况:相似、拟似和差似。在几何相似的体系中,进行着同一物理性质的变化,而且各体系中对应点上同名物理量之间具有固定的比数,则称这些物理体系是相似的。拟似指如果两个体系的物理性质不同,但它们的变化过程遵循着同样的数学规律。差似指物理性质不同,变化规律也不同。本章主要讨论第一种,即相似问题。

船模试验是利用物理模型方法,确定船舶性能研究和船舶设计中所要求的有关数据及资料的一种手段。因此,为了能够准确地从试验中取得所需的资料,必须掌握从模型试验结果换算至实船相应数据换算的基本规律,即相似原理和量纲分析。

## 2.1　相 似 原 理

根据流体力学基本理论得知,绕着几何相似的物体流动的流体,如果在它的各个相对应的点上的一切特征量保持比例关系,其速度向量和流动的方向也保持不变的话,则认为它们是动力相似的。保证动力相似的最重要条件是,除了要保持实物和模型的几何相似外,尚需保持流体的外边界相似。物体在液体中的运动和受力是一个比较复杂的问题。要把模型试验结果换算到几何相似的实船上去,其必须遵循的规律不是一个简单的比例关系,而是一些确定的相似律。

在船模试验中,为了使模型流动能表现出实船流动的主要现象和特性,并从模型流动上预测出实船流动的结果,就必须使两者在流动上相似,即两个互为相似流动的对应部位上对应物理量都有一定的比例关系。

具体来说,两相似流动满足几何相似、运动相似、动力相似。

### 2.1.1　几何相似

几何相似亦称为空间相似,即模型与实船尺度间的对应边长成同一比例,对应角相等。当边上有粗糙度时还要求粗糙度相似。

先引入尺度($l$)比例系数(以下参数中,下标 s、m 分别表示实船和模型):

$$k_l = \frac{l_m}{l_s} = C \tag{2.1}$$

进而,可得面积($A$)比例系数:

$$k_A = \frac{A_m}{A_s} = k \tag{2.2}$$

体积比例系数：

$$k_V = \frac{V_m}{V_s} = k_l^3 \tag{2.3}$$

### 2.1.2　运动相似

运动相似是指流体运动的速度场相似，也即两流场各相应点（包括边界上各点）的速度 $v$ 及加速度 $a$ 方向相同，且大小各具有同一比值。

引入速度（$V$）比例系数：

$$k_v = \frac{v_m}{v_s} = C \tag{2.4}$$

由于

$$v_m = l_m/t_m, v_s = l_s/t_s \tag{2.5}$$

因此

$$k_v = \frac{l_m/t_m}{l_s/t_s} = \frac{k_l}{k_t}, k_t = \frac{t_m}{t_s} \tag{2.6}$$

运动相似建立在几何相似的基础上，那么运动相似只需确定时间比例系数 $k_t$ 就可以了，所以运动相似也被称作时间相似。但是几何相似未必运动相似，比如同一模型的亚超音速流动。速度相似和几何相似的两个流动系统必定加速度相似。

### 2.1.3　动力相似

动力相似是指两流动各相应点上流体质点所受的同名力方向相同，大小比值相等。

引入力（$F$）比例系数：

$$k_F = \frac{F_m}{F_s} = C \tag{2.7}$$

按牛顿第二定律 $F = ma$，故式（2.7）也可以写成

$$k_F = k_m k_a = (k_\rho k_l^3)(k_l k_t^{-2}) = k_\rho k_l^2 k \tag{2.8}$$

## 2.2　相 似 准 数

相似原理说明两个流动系统相似必须在几何相似、运动相似和动力相似三个方面都得到满足，二者才可以相似。但是实际应用中，并不能用这些定义来验证流动是否相似，因为通常原型流动的详情是未知的。这就产生一个问题：有什么其他办法能保证两个流动系统相似呢？有，这就是相似准则。利用相似准则，可不必详细判断流场各点的几何、运动和动力是否相似，而直接断言流动是否相似。

### 2.2.1　相似准则和相似准数

描述流体运动和受力关系的是流体运动微分方程，两流动要满足相似条件就必须同时

满足该方程。下面是模型流动和原型流动不可压缩流动的运动微分方程在 $x$ 方向上的分量形式：

$$\frac{\partial v_{xm}}{\partial t_m}+v_{xm}\frac{\partial v_{xm}}{\partial x_m}+v_{ym}\frac{\partial v_{xm}}{\partial y_m}+v_{zm}\frac{\partial v_{xm}}{\partial z_m}=f_{xm}-\frac{1}{\rho}\frac{\partial p_m}{\partial x_m}+\nu_m\Delta v_{xm} \tag{2.9}$$

$$\frac{\partial v_{xs}}{\partial t_s}+v_{xs}\frac{\partial v_{xs}}{\partial x_s}+v_{ys}\frac{\partial v_{xs}}{\partial y_s}+v_{zs}\frac{\partial v_{xs}}{\partial z_s}=f_{xs}-\frac{1}{\rho}\frac{\partial p_s}{\partial x_s}+\nu_s\Delta v_{xs} \tag{2.10}$$

所有的同类物理量均具有各自的同一比例系数，有如下关系式：

$$x_m=x_s k_l,\ y_m=y_s k_l,\ z_m=z_s k_l$$

$$v_{xm}=v_{xs}k_v,\ v_{ym}=v_{ys}k_v,\ v_{zm}=v_{zs}k_v,\ t_m=t_s k_t$$

$$\rho_m=\rho_s k_\rho,\ v_m=v_s k_v,\ p_m=p_s k_p,\ f_m=f_s k_f$$

将上述关系式代入方程(2.9)中，这时的方程应该和方程(2.10)相同，因此得到

$$\frac{k_v}{k_t}=\frac{k_v^2}{k_l}=k_f=\frac{k_p}{k_\rho k_l}=\frac{k_\nu k_v}{k_l^2} \tag{2.11}$$

从左到右分别表示单位质量的局部惯性力、对流惯性力、质量力、压力和摩擦力，式(2.11)表示模型流动和原型流动的力多边形相似。

用式(2.11)中的对流惯性力 $\frac{k_v^2}{k_l}$ 除全式，得到

$$\frac{k_l}{k_t k_v}=1=\frac{k_l k_f}{k_v^2}=\frac{k_p}{k_\rho k_v^2}=\frac{k_\nu}{k_l k_v} \tag{2.12}$$

式(2.12)表示模型流动和原型流动在满足动力相似时各比例系数之间有一个约束，对各项进一步分析得到以下相似准数：

(1)斯特劳哈尔(Strouhal)数

$$Sr=l/vt \tag{2.13}$$

表示局部惯性力和对流惯性力量级之比，反映了流体运动随时间变化的情况。

(2)弗劳德(Froude)数

$$Fr=v^2/gl \tag{2.14}$$

重力相似准则，表示惯性力和重力量级之比，反映了流体流动中重力的影响程度。

(3)欧拉(Euler)数

$$Eu=p/\rho v^2 \tag{2.15}$$

压力相似准则，表示压力和惯性力量级之比。

(4)雷诺(Reynolds)数

$$Re=vl/\nu=\rho vl/\eta \tag{2.16}$$

黏滞力相似准则，表示惯性力和黏性力量级之比。

(5)马赫(Mach)数

$$Ma=v/c \tag{2.17}$$

表示当地流速($v$)和声速($c$)之比，反映了流动的压缩程度。

综上所述，动力相似可以用相似准数表示。若原型流动和模型流动动力相似，且各同名相似准数均相等，则称之为完全的动力相似。但是事实上，不是所有的相似准数之间都是相容的，满足了甲，不一定就能满足乙。如果所有的相似准数都相等，意味着各比例系数均等于1，这实际上意味着模型流动和原型流动各对应参数均相等，模型流动和原型流动就

成了相等流动。因此,要使两者达到完全的动力相似,实际上办不到,我们寻求的是主要动力相似。

要达到主要动力相似就应该根据所研究或所需解决的原型流动的性质来决定,如对于重力起支配作用的流动,选用 $Fr$ 为主要相似准数(决定性相似准数),满足 $Fr_m = Fr_s$;管道流动、流体机械中的流动,$Re$ 为决定性相似准数,需满足 $Re_m = Re_s$;非定常流动,$Sr$ 为决定性相似准数,需满足 $Sr_m = Sr_s$;可压缩流动,$Ma$ 为决定性相似准数,需满足 $Ma_m = Ma_s$。

总之,根据流动的性质来选取决定性相似准数。

决定性相似准数的定义为:对该性质的流动以该决定性相似准数来判断是否满足了主要动力相似。只要满足了决定性相似准数相等后,就满足了主要动力相似,也就抓住了解决问题的实质。(注意:对于 $Eu$ 而言,在其他相似准数作为决定性相似准数满足相等时,$Eu$ 同时可以满足。)

### 2.2.2　模型流动设计与数据换算

1. 模型流动设计

设计模型流动,要使之成为原型流动的相似流动,原则上要满足几何相似、运动相似和主要动力相似。具体设计时,首先要考虑该流动性质选择决定性相似准数,此外还要考虑试验规模和实验室的条件,以及试验时的温度和所采用的流体是否与原型流动中的流体相同等因素。

2. 数据换算

从模型流动试验中测定的各个数据不能直接用到原型流动中,需要先进行数据换算。由模型流动中已确定的一些比例系数以及物理量之间的关系来确定其他一些比例系数,这样,原型流动中所要获得的数据就等于模型流动中的相应数据除以对应的比例系数。

## 2.3　量纲分析

### 2.3.1　量纲分析的基本概念

1. 量纲

量纲是表征各种物理量性质和类别的标志,是物理量的单位种类,又称因次,是指物理量所包含的基本物理要素及其结合形式,表示物理量的类别,是物理量的质的特征。在量度物理量数值大小的标准(单位)确定之后,一个具体的物理量就对应于一个数值,有了比较意义上的大小,这是物理量的量的特征,如长度、宽度、高度、深度、厚度等都可以用米、英寸等不同单位来度量,但它们属于同一单位,即属于同一单位量纲(长度量纲),用 L 表示。

2. 基本量纲和诱导量纲

量纲可分为基本量纲和诱导量纲。基本量纲是具有独立性的量纲,在流体力学领域中有三个基本量纲:长度量纲 L、时间量纲 T、质量量纲 M。诱导量纲用基本量纲组合表示,如 $\dim x = \mathrm{L}^{\alpha}\mathrm{T}^{\beta}\mathrm{M}^{\gamma}$,其中 $\alpha$、$\beta$、$\gamma$ 称为量纲指数。

①若 $\alpha \neq 0, \beta = 0, \gamma = 0$，则 $x$ 为几何学的量；

②若 $\alpha \neq 0, \beta \neq 0, \gamma = 0$，则 $x$ 为运动学的量，如运动黏性系数 $\dim \nu = L^2T^{-1}$；

③若 $\alpha \neq 0, \beta \neq 0, \gamma \neq 0$，则 $x$ 为动力学的量，如动力黏性系数 $\dim \mu = L^{-1}T^{-1}M$。

举个例子：加速度的量纲 $\dim a = LT^{-2}$，力的量纲 $\dim F = \dim(ma) = MLT^{-2}$。

任何物理量 $B$ 的量纲都可写成 $\dim B = M^{\alpha}L^{\beta}T^{\gamma}$。

3. 基本量和导出量

一个物理问题中诸多的物理量可分成基本物理量（基本量）和其他物理量（导出量），后者可由前者通过某种关系导出，前者是互为独立的物理量。基本量个数取基本量纲个数，所取定的基本量必须包括三个基本量纲在内，这就是选取基本量的原则。如 $\rho$、$v$、$l$ 可以构成一组基本量，包含了 L、M、T 三个基本量纲，而 $a$、$v$、$l$ 就不能构成基本量，因为不包含基本量纲 M。

4. 无量纲量

如果一个物理量的所有量纲指数为零，就称为无量纲（量纲为一）量。无量纲量用 $L^0M^0T^0$ 表示，实际是一个数，但与单纯的数不一样，它是几个物理量组合而成的综合物理量，如 $\dim(Re) = \dim\left(\frac{vl}{\nu}\right) = \frac{LT^{-1} \cdot L}{L^2T^{-1}} = 1$，$\dim(Sr) = \dim\left(\frac{l}{vt}\right) = \frac{L}{LT^{-1} \cdot T} = 1$。

## 2.3.2 量纲和谐性原理

量纲和谐性原理又称为量纲一致性原理，也叫量纲齐次性原理，指一个物理现象或一个物理过程用一个物理方程表示时，方程中每项的量纲应该是和谐的、一致的、齐次的。

一个正确的物理方程，式中的每项的量纲应该一致。以能量方程为例

$$z + \frac{p}{\rho g} + \frac{v^2}{2g} = C \tag{2.18}$$

方程左边各项的量纲从左到右依次为 L，$\frac{ML^{-1}T^{-2}}{ML^{-3}LT^{-2}} = L$，$\frac{L^2T^{-2}}{LT^{-2}} = L$。

## 2.3.3 π 定理

对于无法建立微分方程的问题，可以通过量纲分析法来导出其相似准则。比较典型的是 Buckingham 法。

此法可以表述如下：设有 $n$ 个变量的物理方程式 $f(x_1, x_2, x_3, \cdots, x_n) = 0$，其中可以选出 $m$ 个变量在量纲上是互相独立的，其余 $n - m$ 个变量是非独立的，那么此物理方程必然可以表示为 $n - m$ 个无量纲量的函数关系式，即

$$F(\pi_1, \pi_2, \pi_3, \cdots, \pi_{n-m}) = 0 \tag{2.19}$$

式中，$\pi_1, \pi_2, \pi_3, \cdots, \pi_{n-m}$ 为 $n - m$ 个无量纲量，因为这些无量纲量是用 π 来表示的，所以称为 π 定理（布金汉定理）。

**例题** 2.1　利用内径 50 mm 的管子通过水流来模拟内径 500 mm 管子内的标准空气气流。若气流速度为 2 m/s，空气的运动黏度为 0.15 $cm^2/s$，水的运动黏度为 0.01 $cm^2/s$，根据

黏性力相似准数,则模型管中的水流速度对应为多少?

**解:**取内径 $d$ 为特征长度,根据雷诺数相等,有

$$Re_s = Re_m$$

即

$$\frac{v_s d_s}{\nu_s} = \frac{v_m d_m}{\nu_m}$$

$$v_m = \frac{v_s d_s}{d_m}\frac{\nu_m}{\nu_s} = \frac{2 \times 500}{50} \times \frac{0.01}{0.15} \approx 1.33\ \text{m/s}$$

即模型中水流速度应保持 1.33 m/s。

**例题** 2.2　一两栖坦克模型,其几何尺寸缩小为原型的 1/5,欲使模型运动速度与原型在水上航速 10 km/h 时相似,则模型航速应为多少?

**解:**保持动力相似,根据弗劳德数相等,有

$$Fr_s = Fr_m$$

或者

$$\frac{v_m^2}{g_m l_m} = \frac{v_s^2}{g_s l_s}$$

由题意,知 $g_m = g_s, \dfrac{l_m}{l_s} = \dfrac{1}{5}, v_s = 10\ \text{km/h}$ ,则

$$v_m = v_s\sqrt{\frac{l_m}{l_s}} = 10 \times \sqrt{\frac{1}{5}} \approx 4.47\ \text{km/h}$$

即模型航速应为 4.47 km/h。

**例题** 2.3　在拖曳水池中做船模试验,船模缩尺比为 1/50,实船的航速为 25 km/h,假设流动:①重力起主导作用;②表面张力起主导作用;③黏性力起主导作用。试计算船模的速度为多少才能保证动力相似。(假设试验和实船都在海水中)

**解:**①当重力起主导作用时,模型与实船弗劳德数相等,即

$$\frac{v_m^2}{g_m l_m} = \frac{v_s^2}{g_s l_s}$$

$$g_m = g_s, \frac{l_m}{l_s} = \frac{1}{50}, v_s = 25\ \text{km/h}$$

$$\Rightarrow v_m = v_s\sqrt{\frac{l_m}{l_s}} = 25 \times \sqrt{\frac{1}{50}} \approx 3.54\ \text{km/h}$$

②当表面张力起主导作用时,模型与实船韦伯数相等,即

$$\frac{\rho_s l_s v_s^2}{\sigma_s} = \frac{\rho_m l_m v_m^2}{\sigma_m}$$

$$\sigma_m = \sigma_s, \rho_m = \rho_s$$

$$v_m = v_s\sqrt{\frac{l_s}{l_m}} = 25 \times \sqrt{50} \approx 177\ \text{km/h}$$

③当黏性力起主导作用时,模型与实船雷诺数相等,即

$$\frac{v_s l_s}{\nu_s} = \frac{v_m l_m}{\nu_m}$$

$$v_m = \frac{v_s l_s}{l_m}\frac{\nu_m}{\nu_s} = \frac{25 \times 50}{1} \times 1 = 1\ 250\ \text{km/h}$$

这样高的船模速度实际上难以实现，船舶运行时也不可能出现黏性力、表面张力起主导作用的情况。

**例题** 2.4　分析缆索用于模型试验时的相似准则。

**解**：当用缆索进行船模的系泊或拖航试验时，必须对模型缆索与实际缆索进行模拟。根据相似准则，缆索的模型与原型之间必须满足几何相似、质量相似和弹性相似。

缆索的几何相似主要是长度相似。

缆索的质量相似即缆索单位长度质量 $w$ 的相似。绳索的单位长度质量 $w$ 可用下式表达：

$$w = c_a d^2 \tag{2.20}$$

式中　$d$——缆索直径；

$c_a$——缆索在空气中的质量比例系数，钢缆 $c_a = 0.037\ 4\ \text{kg/(cm}^2 \cdot \text{m)}$，尼龙缆（3股）$c_a = 0.006\ 8\ \text{kg/(cm}^2 \cdot \text{m)}$。

模型缆索单位长度的质量 $w_m$ 为

$$w_m = \frac{c_a d^2}{\lambda^2} \tag{2.21}$$

式中，$\lambda$ 是模型与原型的缩尺比。

缆索的弹性相似即缆索的受力 - 伸长关系的相似。缆索的受力与伸长关系是非线性的，它不遵循胡克定律。为了估算缆索力 $T$，通常可采用威尔逊（Wilson）公式计算，即

$$\frac{T}{d^2} = c_e \left(\frac{\Delta S}{S_0}\right)^2 \tag{2.22}$$

式中　$c_e$——缆索的弹性系数，钢缆 $c_e = 2.698 \times 10^7\ \text{N/cm}^2$，尼龙缆 $c_e = 1.530 \times 10^6\ \text{N/cm}^2$；

$n$——指数，钢缆 $n = 3/2$，尼龙缆 $n = 3$；

$S_0$——缆索的初始长度；

$\Delta S$——拉伸长度。

按照式（2.22）计算，可求得原型缆索（s）中的缆索力为

$$T_s = c_e d^2 \left(\frac{\Delta S_s}{S_{0s}}\right)^n \tag{2.23}$$

不难得到模型缆索（m）中的缆索力为

$$T_m = \frac{T_s}{\lambda^3} = \frac{c_e d^2 \left(\frac{\Delta S_s}{S_{0s}}\right)^n}{\lambda^3} = \frac{c_e d^2 \left(\frac{\Delta S_m}{S_{0m}}\right)^n}{\lambda^3} \tag{2.24}$$

由此可得模型缆索的拉伸长度为

$$\Delta S_m = \left(\frac{T_m}{d^2} \cdot \frac{1}{c_e} \cdot \lambda^3\right)^{\frac{1}{n}} \cdot S_{0m} \tag{2.25}$$

式（2.25）给出了与原型缆索弹性相似的模型缆索的缆索力与伸长关系。应该说明，当我们选用模型缆索时，它的弹性很难满足式（2.25）所提供的受力与拉伸的关系。为了解决原型与模型缆索之间弹性模拟问题，在实际应用中，常在模型缆索上串接一弹性元件，使其与实用缆索的弹性相模拟。

在选用模型缆索时,单位长度的质量也很难与实用缆索相模拟。在用锚链进行系泊试验时,也存在同样的问题。因此,质量是否相似直接影响试验结果的正确性,必须妥善解决。通常,可采用沿缆索或锚链全长均匀而离散地或增加或减小质量块,以达到与实用缆索或锚链相模拟。

**例题** 2.5　对下列情况的舰船航行运动进行因次分析。

(1)对于潜深足够大的水下航行体,航行时无自由面兴波;

(2)对于航行于水面的舰船,航行时产生兴波;

(3)对于航行于近水面的舰船摇荡运动。

**解:**(1)这种情况可认为航行阻力 $R$ 与潜体大小 $L$(取特征长度)、航行速度 $U$、水的密度 $\rho$ 和水的黏度 $\nu$ 有关,即

$$R = f(\rho, U, L, \nu) = k\rho^{\alpha} U^{\beta} L^{\gamma} \nu^{\delta}$$

列出因次关系式

$$\mathrm{MLT^{-2}} = (\mathrm{ML^{-3}})^{\alpha}(\mathrm{LT^{-1}})^{\beta}\mathrm{L}^{\gamma}(\mathrm{L^2T^{-1}})^{\delta}$$

根据因次均衡性,得到

$$\alpha = 1, \beta = 2 - \delta, \gamma = 2 - \delta$$

于是

$$R = k\rho U^{2-\delta} L^{2-\delta} \nu^{\delta} = k\rho U^2 L^2 \left(\frac{\nu}{UL}\right)^{\delta}$$

表明

$$\frac{R}{\frac{1}{2}\rho U^2 L^2} = f\left(\frac{UL}{\nu}\right)$$

即阻力与雷诺数有关。

(2)对于航行于水面的舰船,航行时产生兴波,其作用机制为重力。这种情况可认为航行阻力 $R$ 与舰船特征尺度 $L$、航行速度 $U$、水的密度 $\rho$、水的黏度 $\nu$ 和重力加速度 $g$ 有关,即

$$R = f(\rho, U, L, \nu, g) = k\rho^{\alpha} U^{\beta} L^{\gamma} \nu^{\delta} g^{\varepsilon}$$

列出因次关系式

$$\mathrm{MLT^{-2}} = (\mathrm{ML^{-3}})^{\alpha}(\mathrm{LT^{-1}})^{\beta}\mathrm{L}^{\gamma}(\mathrm{L^2T^{-1}})^{\delta}(\mathrm{LT^{-2}})^{\varepsilon}$$

根据因次均衡性,得到

$$\alpha = 1, \beta = 2 - \delta - 2\varepsilon, \gamma = 2 - \delta + \varepsilon$$

于是

$$R = k\rho U^{2-\delta-2\varepsilon} L^{2-\delta+\varepsilon} \nu^{\delta} g^{\varepsilon} = k\rho U^2 L^2 \left(\frac{\nu}{UL}\right)^{\delta}\left(\frac{gL}{U^2}\right)$$

表明

$$\frac{R}{\frac{1}{2}\rho U^2 L^2} = f\left(\frac{UL}{\nu}, \frac{U^2}{gL}\right)$$

即阻力与雷诺数和弗劳德数有关。

(3)对于航行于近水面的舰船摇荡运动,可认为非定常摇荡运动时的受力 $F$ 与舰船特征尺度 $L$、航行速度 $U$、水的密度 $\rho$、水的黏度 $\nu$、重力加速度 $g$ 和摇荡频率 $\omega$ 有关,即

$$F = f(\rho, U, L, \nu, g, \omega) = k\rho^{\alpha} U^{\beta} L^{\gamma} \nu^{\delta} g^{\varepsilon} \omega^{\chi}$$

列出因次关系式

$$\mathrm{MLT^{-2}} = (\mathrm{ML^{-3}})^{\alpha}(\mathrm{LT^{-1}})^{\beta}\mathrm{L}^{\gamma}(\mathrm{L^{2}T^{-1}})^{\delta}(\mathrm{LT^{-2}})^{\varepsilon}(\mathrm{T^{-1}})^{\chi}$$

根据因次均衡性,得到

$$\alpha = 1, \beta = 2 - \delta - 2\varepsilon, \gamma = 2 - \delta + \varepsilon$$

于是

$$F = k\rho U^{2-\delta-2\varepsilon}L^{2-\delta+\varepsilon}\nu^{\delta}g^{\varepsilon}\omega^{\chi} = k\rho U^{2}L^{2}\left(\frac{\nu}{UL}\right)^{\delta}\left(\frac{gL}{U^{2}}\right)\left(\frac{L\omega}{U}\right)$$

或者

$$\frac{F}{\frac{1}{2}\rho U^{2}L^{2}} = f\left(\frac{UL}{\nu},\frac{U^{2}}{gL},\frac{U}{L\omega}\right)$$

即受力与雷诺数、弗劳德数和斯特劳哈尔数有关。

## 2.4 尺度效应

不同比尺的几何相似模型将有不同的结果,依次换算到实船时也将得到不同的实船阻力,这种因模型尺度不同只满足局部相似而得到不同试验结果的现象称为尺度效应。

尺度效应产生的原因:

(1)船模与实船边界层流态的不一致。实船尺度大、速度高、表面粗糙,因此其边界层可认为是全湍流状态;而船模尺度小、速度低、表面光滑,因此其艏部有相当长的层流段。依边界层理论知,层流边界层剪应力较湍流边界层小。由于船模真实流态很难准确测定,因此在进行船模—实船阻力换算时将船模与实船的边界层都看成全湍流状态。显然,这样将使算出的船模剩余阻力比真实值偏小,即模型层流段的影响将使换算结果偏低。

(2)船模与实船的相对曲率是相同的,但由于船模的雷诺数远远小于实船,故依曲率对摩擦阻力的影响知:船模曲率所致摩擦阻力的增大程度比实船大,模型的摩擦阻力系数比实船大。在弗劳德相似条件下自航时,模型螺旋桨的推力系数及螺旋桨尾流中的流速都比实船大,因而模型螺旋桨尾流中的舵产生的升力也较大。布置有这种舵的船模,比实船有更好的机动性和稳定性。

(3)由于 $Re_{\mathrm{m}} \ll Re_{\mathrm{s}}$,故依边界层理论,船模的边界层相对厚度比实船大,由此船模的边界层相对排挤厚度亦比实船大,故黏压阻力系数亦相对大,且处在模型尾部的舵和其他附体有较大的相对面积处在边界层之内,水流的相对速度比较低,产生的水动力也小。当这些附体和舵不处在螺旋桨尾流中时,模型的稳定性和机动性都比实船要差些。

(4)此外,在雷诺数较低的模型上,大舵角时容易产生水流分离和失举。因而,某些船模在大舵角时机动性比实船差。

目前还没有完整的资料来说明在各种机动中尺度效应的大小。一般来说,螺旋桨尾流中布置舵的单桨、单舵,中低速船船模的稳定回转直径约等于或略微小于同样舵角下实船的稳定回转直径。当舵不在螺旋桨尾流中时,模型的稳定回转直径比实船大 10% ~15% 。而某些高速船模型的回转直径可能比实船小 20% 以上,这主要是因为高速船舶实船的螺旋桨和舵产生了空泡和吸气现象。在有些大舵角的回转试验中,总是在模型上发生舵失举的现象,主要表现为回转直径突然增加。

为减小尺度效应,增大模型尺度显然是有利的,但这将增大阻塞效应。在实际中,须对模型长度和雷诺数提出一定的要求以使尺度效应减小到所允许的程度。研究表明,对大于 6 m的长模型,在保证试验 $Re \geqslant (6 \sim 8) \times 10^6$ 时可不计入尺度效应的影响;对小水池,因模型长度较小(为保证阻塞效应要求,通常 $L_m = 2 \sim 3$ m),除应保证一定试验雷诺数($Re \geqslant (2 \sim 3) \times 10^6$)外,尚需采用人工激流措施。

# 第3章　试验设备和测量系统

## 3.1　试 验 水 池

试验水池是进行船舶试验、研究船舶航行性能的主要设备。按水池的形式和功能来分，试验水池大致有以下几类：

(1)拖曳水池(towing tank)：包括冰水池、减压水池、深水池、浅水池、高速水池等；

(2)耐波性水池：包括造波水池、风浪流水池；

(3)操纵性水池：包括回转臂水池、自航模回转水池；

(4)风洞和水洞；

(5)循环水槽；

(6)其他水池。

下面介绍几种试验水池。

### 3.1.1　拖曳水池

拖曳水池是水动力学试验的一种设备，是用船舶模型试验方法来了解船舰的运动、航速、推进功率及其他性能的试验水池，试验是由电动拖车牵引船模进行的，因而得名。船舶、潜艇、鱼雷、滑行艇、水翼艇、气垫船、冲翼艇、水上飞机和各种海洋结构物等都可在水池中做模型试验。

1872年，英国造船学家W.弗劳德在英国托基(Torquay)创建了世界上第一座船模试验水池。一百多年来世界各国相继建造的拖曳水池已有150余座，池长超过100 m的约占半数。中国于1954年在上海建成第一座水池，长70 m，宽5 m，水深2.5 m。我国的几座拖曳水池如图3.1至图3.3所示。

图3.1　拖曳水池(哈尔滨工程大学)

图 3.2　拖曳水池(中国船舶科研中心)

图 3.3　高速拖曳水池(中国特种飞行器研究所)

在高速水池中的船模航速可达到 8.5 m/s 以上。浅水池的主要用途是探讨船舶在浅水中的阻力、耐波性和快速性。

表 3.1 和表 3.2 分别给出了国际、国内一些典型拖曳水池的尺寸及拖车参数。

表 3.1　国际典型拖曳水池的尺寸及拖车参数

| 水池所在地及水池名称 | 尺寸(长/m×宽/m×深/m) | 最大拖车速度/($m\cdot s^{-1}$) |
|---|---|---|
| 荷兰(MARIN) | 252×10.5×5.5 | 9 |
| 波兰(CTO. S. A) | 270×12×6 | 12 |
| 意大利(Umberto Pugliese) | 470×13.5×6.5 | 15 |
| 俄罗斯(Krylov) | 1 324×15×7 | 20 |
| 德国(GmbH) | 280×9×4.5 | 7.5 |
| 美国(Taylor) | 363.3×15.8×3 | 9.3 |
| | 904×6.4×3 | 16.5 |
| 瑞典(SSPA) | 260×10×5 | 11 |
| 挪威(MarinTek) | 260×10.5×5.6 | 12 |

**表 3.2 国内部分单位拖曳水池的尺寸及拖车参数**

| 单位 | 尺寸(长/m×宽/m×深/m) | 最大拖车速度/(m·s$^{-1}$) |
| --- | --- | --- |
| 哈尔滨工程大学 | 110×7×3.5 | 7 |
| 中国船舶重工集团公司第七〇八研究所 | 70×6×3 | 3 |
| 中国船舶科学研究中心 | 470×14×7 | 15 |
| 上海船舶运输科学研究所 | 192×10×4.5 | 10 |
| 上海交通大学 | 110×6×3 | 6 |
| 上海交通大学(闵行校区) | 300×16×7.5 | 10 |
| 江苏科技大学 | 200×10×7 | 15 |
| 华中科技大学 | 170×6×5 | 8 |
| 天津大学 | 150×7×3 | 6 |
| 武汉理工大学 | 132×10×2 | 6 |
| 大连理工大学 | 156×7×4 | 8 |
| 中国航空工业第六〇五研究所 | 510×6.5×5 | 25 |
| 中山大学 | 156×6×1.3 | 7 |

1. 冰水池

冰水池是一种服务于冰区船舶与海洋工程结构物设计、建造的模型试验水池。通过模拟海洋水平面的冻结状态,实现各种冰情环境条件的冰力学性质相似,实现对试验模型在冰区作业工况下主要参数的试验测量。

近年来,极地海洋资源的开发和极地航运技术的不断发展,推动了破冰船、极地科考船、冰区运输船、冰区海洋工程船等冰区船舶及冰区海洋结构物的设计开发,与之相关的冰区船舶性能研究成为船舶工业界及航运界关注的热点问题。为验证船舶在冰区海洋环境下的航行性能和主要设备的可靠性,需要结合船体设计开发的要求,有针对性地开展冰水池模型试验。

迄今为止,国外有据可查的冰水池主要有加拿大 4 座、芬兰 2 座、德国 2 座、日本 5 座、韩国 1 座、美国 4 座、俄罗斯 2 座。国内有天津大学的低温冰池实验室。

(1)德国汉堡冰水池。德国汉堡水池(HSVA)目前拥有 2 座冰水池。1 座是冰拖曳水池(图 3.4),于 1977 年建成,长 78 m,宽 10 m,高 2.5 ~ 5 m(水深可调),拖车速度0.1 ~ 3 m/s,结冰速率 2 mm/h,可测试模型的最大长度为 9 m,最大宽度为 1.2 m(近海结构物为 2 m),可模拟平面冰、冰脊、破碎冰、融冰等冰条件。水池建成以来,已进行的试验项目包括冰中阻力和自航试验、冰中螺旋桨敞水试验、近海结构物在冰中力和张力测量等。

另一座是极区环境试验水池(图 3.5),于 1990 年建成,长 30 m,宽 6 m,高 1.2 m,可模拟的温度范围为 -20 ~ 20 ℃,结冰速率 2 mm/h,水池配有造冰机和冰油分离器,可制平面冰、冰脊、破碎冰、融冰、浮冰块、多层冰及荷叶冰等。水池建成以来,已进行的试验项目包括在各种冰情下溢油的性能试验,油和冰的分离试验,防溢油设备的试验,冰物理现象、冰力学以及极地海洋生物学研究;同时承接破冰船、数值冰技术、冰结构、极地工程、实船试验测量等任务。

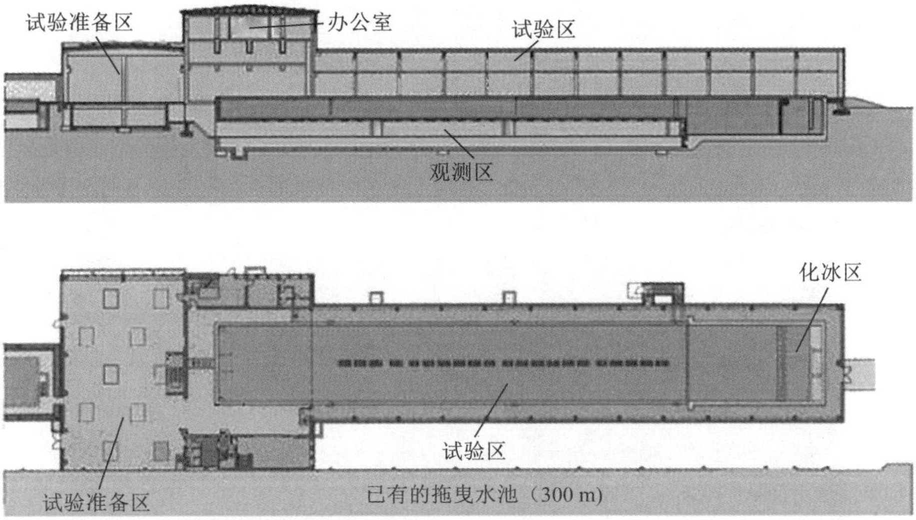


**图 3.4　汉堡冰水池的大型冰拖曳水池**

**图 3.5　汉堡冰水池极区环境试验水池**

(2)俄罗斯克雷洛夫国家科学中心的冰水池。俄罗斯克雷洛夫国家科学中心最早的冰水池于 1986 年建成,水池长 35 m,宽 6 m,深 1.75 m,可模拟的温度范围为 -32 ~30 ℃,拖车速度 0.5 ~1.2 m/s,可模拟平冰、分层冰、碎冰、碎冰场、冰脊等冰条件。随着模型试验要求的不断提升,老的冰水池限于尺寸问题无法开展某些试验,克雷洛夫国家科学中心于 2014 年 12 月启用了新的冰水池,如图 3.6 所示,新冰水池长 80 m,宽 10 m,深 2 m(冰水池最后 1/5 长度段为深度 4 m 的深水段),可制作的冰厚范围为 10 ~100 mm;模型拖车的运动速度 0.001 ~1.5 m/s,且该拖车既可沿直线运动,也可纵向回转,从而使模型沿任意轨迹运动。新冰水池可以模拟柱状冰及颗粒冰,还可以实现模型水下部分与冰相互作用过程的可视化。

**图 3.6　克雷洛夫国家科学中心新冰水池**

(3)加拿大国家研究委员会海洋技术研究所的冰水池(National Research Council Ice Tank)。该水池建于1985年,长90 m,宽12 m,深3 m,是目前世界上最长的冰水池(图3.7),12 m的宽度使得进行大尺度模型试验成为可能,拖车速度0.002 ~4 m/s,可模拟的温度范围为 -30 ~15 ℃,可制作的冰厚范围为10 ~150 mm,可试验模型尺度:船模长度2 ~12 m,海洋结构物直径0.5 ~4 m。已进行的试验项目包括船舶阻力和自航试验、敞水试验、系泊和固定结构的冰力研究、海洋结构物模拟等。

**图3.7　加拿大国家研究委员会海洋技术研究所的冰水池**

冰水池试验过程中,由于涉及海冰与船体间的相互作用,需要对海冰进行模拟并保证模型冰符合相似性准则的要求。为了保证这样的力学相似准则,在试验冰环境模拟上,形成了两个重要的冰环境模拟技术。

一个是在冰水池的基础上,参考海水真实冻结过程,形成冻结模型冰,并满足力学相似准则。这一方向最早应用的模型冰是盐水冰,但是盐水冰的使用受限于抗弯强度而无法满足大多数冰池对于缩尺比的要求。后续有学者陆续提出了尿素模型冰、EG/AD/S模型冰(由乙二醇(EG)、脂肪族洗涤剂(AD)和糖(S)以一定比例配制而成的稀释溶液),它们作为模型冰有着显著的优点,可最大限度地模拟真实海冰的力学特性。

另一个是不考虑海水真实冻结过程,而是采用其他材料(诸如聚丙烯、塑料、石蜡等)替代冻结模型冰,从力学性质上满足模型试验要求下的自然冰相似准则。这类非冻结模型冰的优点是模型试验可在常温下进行,避免了水作为介质的结冰冻结过程,减少了复杂的室内人为温控操作和昂贵的制冷保温设备投入;缺点是不能很好地模拟复杂模型冰况条件(如冰脊、碎冰、冰塞、覆雪冰等)以完成有效的冰区船舶综合性能分析评估。

2.减压水池

减压水池(depressurised towing tank)主要有中国的中国船舶科学研究中心、哈尔滨工程大学,以及荷兰的MARIN减压水池,其中MARIN减压水池的尺寸为240 m×18 m×8 m,最大拖车速度为 8 m/s，对于模型的尺寸要求是长度为 2 ~ 12 m。中国船舶科学研究中心的减压水池于 1985 年建成并投入使用，如图 3.8 所示。该减压水池是国内唯一可同时模拟试验傅氏数和空泡数的试验水池，配有先进的粒子成像测速 plarticle image velocimetry（PIV）系统，可以承担半浸式螺旋桨水动力性能研究、半浸桨推进装置水上试验、高速船舶的空泡自航试验和 PIV 流场测量等试验。

**图 3.8　减压水池（中国船舶科学研究中心）**

3. 深水池

20 世纪 70 年代，国际海洋工程界开始在专用海洋工程水池及其试验技术方面开展探索。80 年代初，世界首个海洋工程水池在挪威海洋工程技术研究院建成。当前国外有代表性的海洋工程深水模拟试验装置包括挪威 MARINTEK 海洋深水试验池（图 3.9）、荷兰 MARIN 海洋工程水池（图 3.10）、巴西 LabOceano 海洋工程水池（图 3.11）等。为推进我国海洋工程走向深水，提高我国深海油气资源自主开发的能力，需要建设能够模拟更深水深、更复杂海洋环境的海洋工程深水池。为此，国家在深水模拟试验技术和装置领域做出了战略性的部署。目前国内较为知名的几个海洋工程深水池有中国船舶科学研究中心海洋工程水池、上海交通大学海洋深水试验水池（图 3.12）和哈尔滨工程大学多功能深水池（图 3.13）等。为了能够模拟真实海洋环境，深水池一般都具有造风、造浪和造流的能力，并配有水深调节系统和深井，通常采用大面积可升降的假底来进行水深的调节，如图 3.14 所示。

**图 3.9　MARINTEK 海洋深水试验池（最大工作水深 10 m）**

图 3.10　MARIN 海洋工程水池(水深 10.2 m,配备 20 m 深井)

图 3.11　巴西 LabOceano 海洋工程水池(水深 15 m,配备 10 m 深井)

图 3.12　上海交通大学海洋深水试验水池(深 10 m,深井最大工作水深 40 m)

图 3.13　哈尔滨工程大学多功能深水池(最大工作水深 10 m)

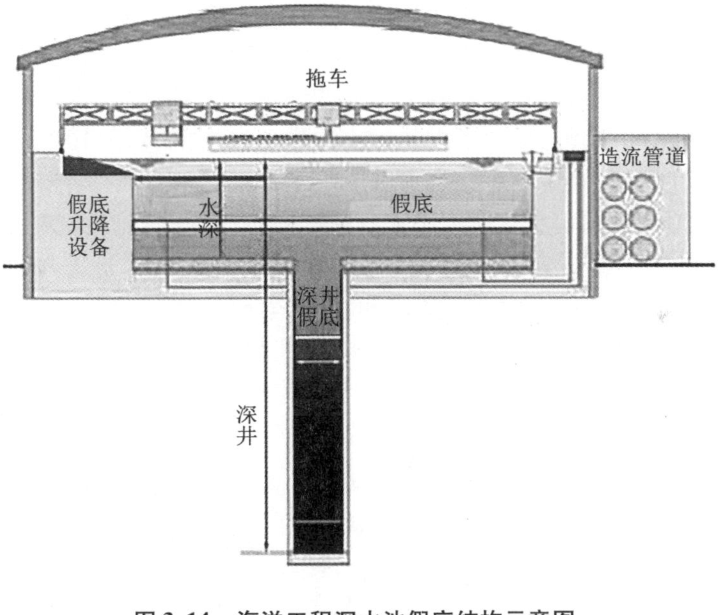


图 3.14　海洋工程深水池假底结构示意图

### 3.1.2　循环水槽

循环水槽(circulating water channel)是专门从事船舶推进器性能研究和操纵性研究的装置。在循环水槽中,模型固定不动,水流在水槽内循环流动,并且保证工作段水流均匀。循环水槽可以进行螺旋桨的敞水试验,也可以进行譬如水下航行器等简单几何体的操纵性研究。

随着现代科学的发展,目前不仅在船舶工程的阻力、推进、操纵性和适航性等方面,而且在海洋工程、渔业生产、水文、水力机械及运动科学等方面,都有越来越多的流体力学问题需要研究和解决。拖曳水池与循环水槽相比,尺度效应比较小,受边界层影响较小,其试验数据优于循环水槽中的试验数据,是世界主要海洋大国的首选建设项目和拥有的大型试验设备。但由于拖曳水池受到轨道的限制,所以试验的时间受到限制。而循环水槽是使水流动,把模型置于流动的水中测量的一种水动力试验设备。在循环水槽中,水借助动力系统以一定的速度做循环流动,在工作段可做长时间的测试,这样不仅便于速度和压力的测量,同时可通过槽体侧面和底部的观察窗进行观察或摄像。此外,循环水槽具有投资小、占地少、见效快等优点,所以循环水槽已被广泛地应用于进行船舶、海洋工程、运动科学等领域的水动力试验。

从结构形式方面来区分,循环水槽可分为水平循环水槽和立式循环水槽。所谓水平循环水槽是指将循环水槽的工作段与循环水槽的动力系统基本置于同一水平地面高度,而立式循环水槽的工作段明显高于循环水槽的动力系统所在的水平地面高度。因为立式循环水槽需要将动力系统中的部分能量转化为流体的势能,所以立式循环水槽所需的动力系统要求往往高于水平循环水槽。因此,虽然立式循环水槽相对于水平循环水槽占地面积小,但是目前国内外建成的循环水槽以水平循环水槽为主。

现有循环水槽大体可以分成三类:常规型、减压型和风浪流水型。其中常规型又可细分为两种:有蓄水池型与无蓄水池型。前者又可以称为流动中断型,后者又可以称为循环流水型。它们的能量比分别为 12 和 1.5(能量比≈泵马力① ÷ 工作段流体的动能流量)。设蓄水池的目的是避免水泵的扰动影响工作段流速的稳定性,但这样一来使水流的循环被切断,从而损失了全部的动能,因此所需的功率比循环流水型大 8 ~ 10 倍。英国国家物理实验室(NPL)在实际使用中将蓄水池充满水后形成水流的连续循环,结果证明水泵的扰动影响几乎可以忽略,因此在试验水流速度不太高时一般都采用循环流水型。

哈尔滨工程大学建有国内第一座循环水槽,该水槽属于水平常规循环流水型,如图 3.15所示。水槽全长 17.3 m,最大宽度 6.2 m,高度 2.88 m,工作段长 7 m,最大水深 1.5 m,最高流速 2.3 m/s。水槽收缩比为 2,在整流段设有蜂窝器及整流网。水槽有消除气泡装置,可使高流速时保证流动图形显示的高质量;并有消波装置,保证流速在小于 1.5 m/s 时驻波高度不超过 7 mm。

**图 3.15　循环水槽(哈尔滨工程大学)**

① 1 马力(hp)≈735 瓦特(W)。

中国船舶科学研究中心的循环水槽如图 3.16 所示。

图 3.16　循环水槽(中国船舶科学研究中心)

上海交通大学的循环水槽为风洞型,如图 3.17 所示。风洞循环水槽由多功能风洞和分层流循环水槽两部分构成,二者既可独立使用,也可相互关联,具备风浪流及分层流环境条件下船舶与海洋结构物的流体动力性能试验能力。该装置可实施流体动力及精细流场的长时间、多目标、自动化测量,以及流场可视化试验,特别适合于开展船型优化、新船型开发等研究。其独特之处在于能够模拟分层流、内波、不规则波浪及变动风所形成的复杂海洋环境,可开展海洋环境非线性相互作用、内波及其作用机理、涡激振动机理、流固耦合机理等基础研究,以及船体及其附体水动力性能和流场信息的同步精细测量与分析、海洋平台及其立管和系泊系统在内波作用下的运动及流体动力响应等应用基础研究。除此之外,该装置还可用于船舶推进及操纵装置、水下运载器、海上风力发电装置以及帆船、游艇等的试验研究与产品开发预研。

图 3.17　风洞循环水槽(上海交通大学)

该循环水槽为垂直型，计测部长 8.0 m，宽 3.0 m，水深 1.6 m，最大流速 3 m/s，配有表面流加速装置，表面波、内波造波装置，水位自动调整装置，水过滤装置，以及各种计测装置，可以实施各类船舶快速性、操纵性和耐波性试验，分层流试验和流场可视化试验。多功能风洞具有小试验段（高速试验段，3 m×2.5 m×16 m，最大风速 60 m/s）、大试验段（低速试验段，6 m×3.5 m×14 m，最大风速 20 m/s）和开口试验段（水面试验段，2.6 m×1 m×3.9 m，最大风速 30 m/s）。开口试验段为循环水槽的计测部，在进行风浪流联合作用下的试验时，通过旁路风道将风引至该试验段。小试验段用于大气边界层条件下建筑物、风电设施结构部件、船舶与海洋结构物上层建筑物、高速运动体的气动载荷、风压分布及其流态影响测试；可模拟最大厚度 1.2 m 的大气边界层速度剖面，前后方向配置两个直径 2 m 的转盘。大试验段配置直径 4 m 的转盘，设置自动升降装置，用于模拟四类地貌特征最大厚度 1 m的大气边界层，用于桥梁、体育场等超大型建筑物，机场、整个街区、工业园区等建筑群，以及船舶与海洋结构物上层建筑物的气动载荷、气动弹性响应和风压分布。开口试验段除定常风速外，还可生成具有周期性变化的脉动风，平均风速 20 m/s 时，12 s 内瞬时风速可在 14～26 m/s 间周期变化。

水槽的基本部件包括工作段、整流段、收缩段、扩散段、坡降段、拐角及导流片，如图 3.18所示。

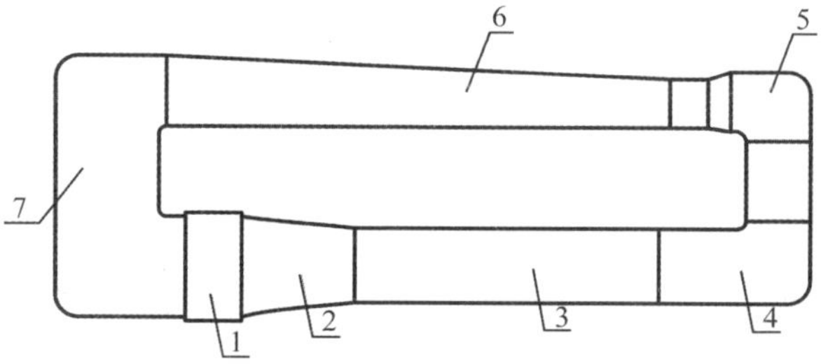


1—整流段；2—收缩段；3—工作段；4—第一拐角段；
5—动力段；6—扩散段；7—第三、四拐角段。

**图 3.18　水槽的基本部件**

## 3.1.3　空泡水筒

空泡水筒（cavitation tunnel）主要进行各种船用推进器、水翼和回转体等的水动力性能、空泡、激振力、噪声试验研究。

图 3.19 为上海交通大学空泡水筒实验室，主要设备空泡水筒高 10 m，宽 11 m；测试段长 2 m，直径 0.6 m，最高水速 15 m/s，最低空泡数 0.2。与之配套的有计算机控制与测量系统、测功电机降噪控制系统、斜流测功仪、单分力及六分力天平等设备。螺旋桨空泡试验如图 3.20 所示。

中国船舶科学研究中心的空泡水筒实验室于 1969 年建成并投入使用，如图 3.21 所示。该实验室配备有水流驱动系统、螺旋桨转速系统、螺旋桨动力仪、斜流测功仪、激光测速系统、噪声测量系统、脉动压力数据采集系统等仪器设备，主要从事船舶、船用推进器等水中运动体水动力特性研究与试验，同时广泛开展各类船桨设计及性能优化工作。

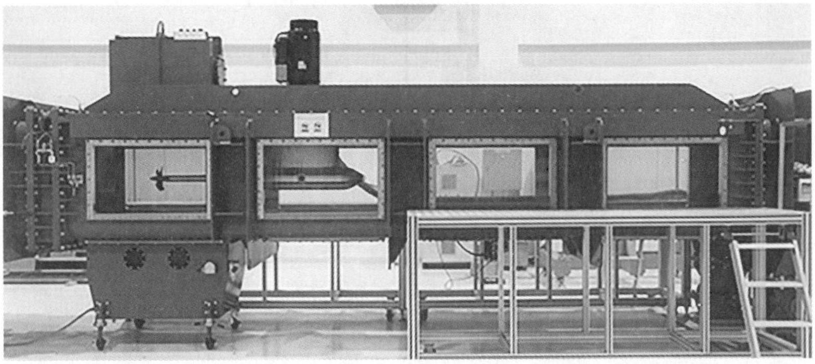

图 3.19　空泡水筒实验室(上海交通大学)

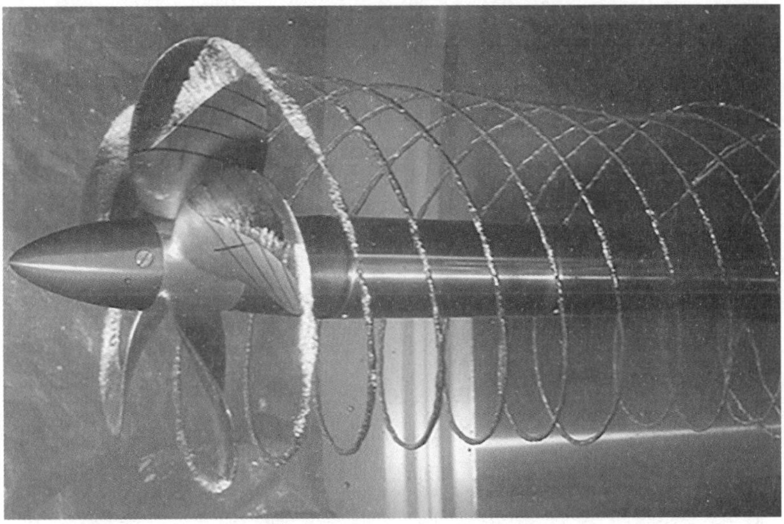

图 3.20　螺旋桨空泡试验

图 3.21　空泡水筒实验室(中国船舶科学研究中心)

### 3.1.4 耐波性水池

耐波性水池能产生不同特征的规则波和不规则波，用于进行船模耐波性试验。耐波性水池一般为方形或长方形。水池长度由船模尺度、试验速度、船模在规则波中振荡多少次达到稳定简谐运动、拖车的加速与减速段长度等因素决定。国内外专用的耐波性水池长度为60～100 m。水池宽度取决于造波机的能力，若能造改变方向的波，则宽度可以减小，若不能造改变方向的波来改变船模运动方向，则水池建成方形。水池相邻的两侧安装有造波机，与此相对的另两侧安装有消波器，以消除波浪的反射。水池上面架有拖车，拖车有两种形式：一种是横跨水池有一活动桥，可绕水池中心转动一定的角度，拖车安装在底部的轨道上，可控制拖车以一定的速度拖曳船模。另一种是在水池宽度方向架一主车架沿水池纵向运动，主车架上有一副车架，可在主车架轨道上向宽度方向运动，称为XY拖车。船模装在副车架下，调节主车架与副车架的运动速度，使船模能以任意方向在波浪中运动。耐波性水池装备有测量波浪的浪高仪。耐波性试验时，船模所受的水动力主要是惯性力和重力，黏性力的作用较小，可不予考虑。

图3.22为中国船舶科学研究中心的耐波性水池，该水池尺寸为69 m×46 m×4 m，拖车最大速度为4 m/s，跨桥长度为78 m，配备有六自由度非接触式运动测量系统、浪高仪、陀螺仪、加速度传感器、压力传感器等设备，可开展船舶运动响应及耐波性测试、船舶波浪增阻测试、波浪载荷试验、波浪砰击载荷测试、甲板上浪及上浪冲击载荷测试、船舶耐波性理论预报与评估，以及海洋结构物运动性能测试（包括平台运动、上浪、砰击、气隙、爬高等）、波浪载荷测试、多平台作业系统运动和受力特性试验、海上浮式结构物在海洋环境下的系泊模型试验、动力定位模型试验、液舱晃荡模型试验、涡激振动（VIV）和涡激运动（VIM）模型试验、浮体/沉箱/港口建筑/防波堤及波能利用装置等试验。

**图3.22 耐波性水池（中国船舶科学研究中心）**

### 3.1.5 操纵性水池

操纵性水池中一般做两种试验：约束船模试验和自航船模试验。通过约束船模试验，可获得作用于船模上的水动力系数，再通过对试验结果的分析，即可获得各种机动下船舶运动状态和表征操纵性的特征参数。通过船模在某种机动下的自航试验，可以直接测量出它的运动状态和表征操纵性能的特征参数。

图 3.23 和图 3.24 分别为浙江大学舟山校区和中国船舶科学研究中心的操纵性约束模悬臂水池。浙江大学舟山校区的悬臂水池直径 45 m，深 6 m，为亚洲第二大操纵性水池；中国船舶科学研究中心的操纵性旋臂水池实验室于 1968 年投产使用，主要从事船舶、潜水器等的操纵性理论及试验测试，广泛开展针对各型水中运动体的操纵性能预报。图 3.25 为中国船舶科学研究中心的操纵性自航模露天水池。

**图 3.23　操纵性约束模悬臂水池（浙江大学舟山校区）**

**图 3.24　操纵性约束模悬臂水池（中国船舶科学研究中心）**

图 3.25　自航模露天水池(中国船舶科学研究中心)

### 3.1.6　内波水槽

船舶与海洋工程内波水槽可以模拟海洋密度分层流体、海洋背景内孤立波、水下航行体内波、密度分层流体中大尺度漩涡等。

图 3.26 和图 3.27 为哈尔滨工程大学和上海交通大学的内波水槽。上海交通大学的内波水槽尺寸为 30 m×0.6 m×1 m,采用注流式双缸方法进行流体密度分层,配有一套拖车系统和一套循环拖曳系统,最大速度为 3 m/s,配有一套自主研制的双推板伺服造波机,能在各种密度跃层下产生内孤立波,最大振幅可达 0.25 m,主要用于海洋背景内孤立波生成机理及其特性,以及内孤立波对各种海上结构物载荷特性及其理论预报模型研究等。

图 3.26　内波水槽(哈尔滨工程大学)

图 3.27　内波水槽(上海交通大学)

# 3.2　测 量 系 统

## 3.2.1　造波设备

造波机是耐波性水池的主要设备,也是做耐波性试验的主要仪器。它的类型多种多样,常见的有以下几种。

1. 摇板式造波机

这种造波机的主体部分是一框架式板块,它的下缘与固定支座铰接。在驱动机构的带动下,造波板绕支座上的铰接点做往复摆动,推动水分子运动,在水面上形成波浪。它有单摇板造波机和双摇板造波机两种类型,结构如图 3.28 所示。

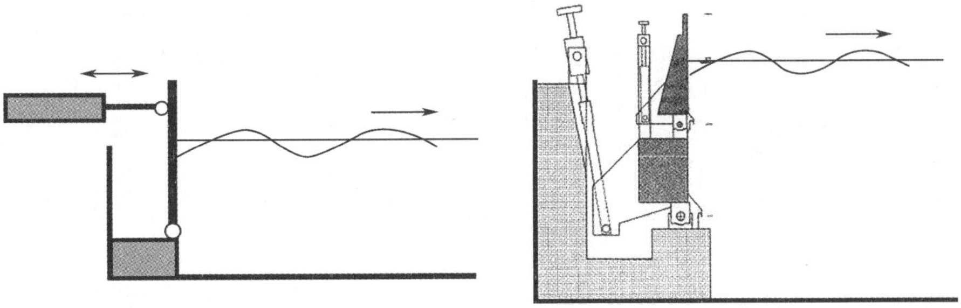

(a)单摇板　(b)双摇板

图 3.28　造波机结构示意图

以双摇板造波机为例,它由上下两块造波板组成。一块板完全浸没水中,其下缘与固定基座相连接,并可绕基座上的支点做往复摆动。它的上缘则构成另一块造波机的基座。

上板可以绕下板的上缘支点做往复摆动,而后利用计算机程序控制两板的运动规律。它的优点是结构简单,质量轻巧,采用液压传动机构,既可调频又可调幅,可以很方便地造不规则波;缺点是它的水下部分不易维修,且需占水池内的一段很长的距离,它的两端需与两墙间密封,以防止水渗漏到板后而影响造波质量。

2. 冲箱式造波机

冲箱式造波机的主体部分是一个略呈楔形的箱形结构物。面向水域的一面呈抛物线型,背面则是一垂直平面,如图 3.29 所示。在驱动机构的带动下,冲浪的抛物线面推动水分子运动,在水面上形成波浪。它的优点是结构简单,维修方便;缺点是在运行过程中只能调频不能调幅,且本身的惯性大。

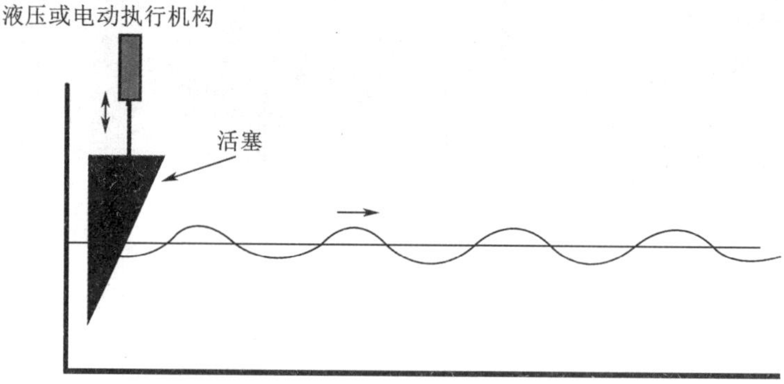


**图 3.29　冲箱式造波机示意图**

3. 蛇形造波机

实际的海面是三维的、复杂的随机过程,其能量不仅分布在一定的频率范围内,而且分布在相当宽的方向范围内。因此,需要在试验水池中制造出有向波浪以更精确地模拟自然界的海浪。将大量造波机连续地排列成一定形状,并使各个造波机推波板运动间产生相位差就可生成斜向波和多向波。单排造波机的推波板在产生斜向波时,会呈现出蛇形运动形态,因此也可将这种造波机称为蛇形造波机。图 3.30 和图 3.31 是两种典型蛇形造波机推波板示意图。

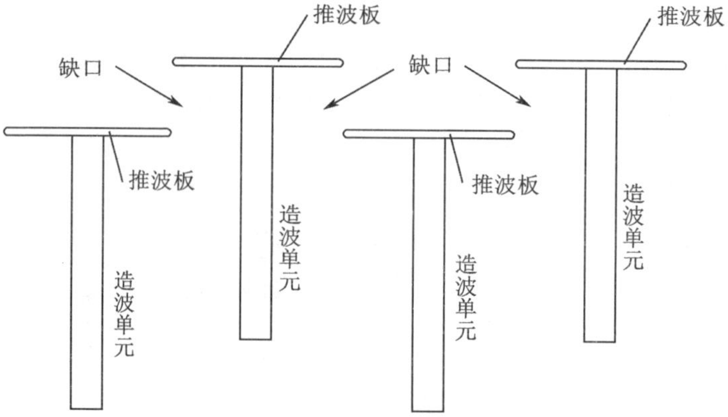


**图 3.30　存在板间缺口的蛇形造波机推波板示意图**

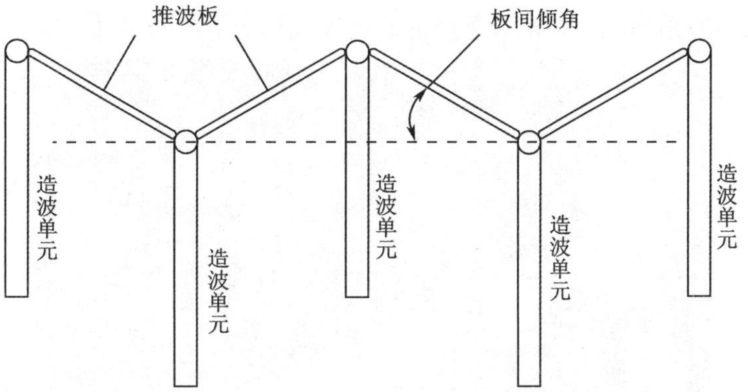


**图 3.31　无板间缺口的蛇形造波机推波板示意图**

4. 空气式造波机

空气式造波机的主体部分是一排形式相同的空气罩。它们的下端有一开口，浸入水中，如图 3.32 所示，当空气泵启动后，利用阀门控制系统对空气室内空气量与通气时间的长短进行控制，使罩内的水面气压大小和作用时间发生变化，传递到罩外，从而在水面上产生波浪。它的优点是能调频调幅，但缺点是消耗功率大。

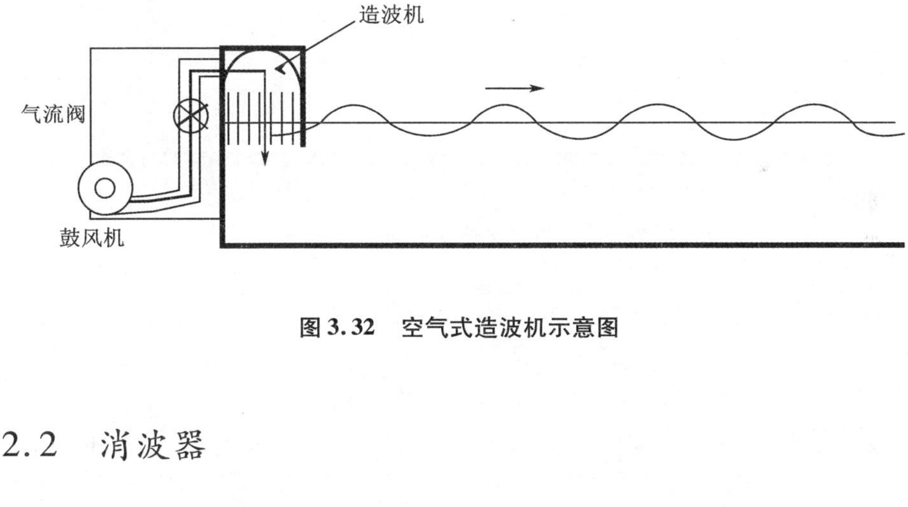


**图 3.32　空气式造波机示意图**

## 3.2.2　消波器

为了消除由造波机生成并传播到水池另一端的波浪，不让这些波浪返回，通常在水池的另一端设置消波器及消波滩。消波器的种类很多，但常用的是具有抛物线型斜面的消波器。图 3.33 为上海交通大学海洋工程深水池的消波设备。

以往的研究成果表明，迎浪面开孔的沉箱直立堤可以有效地减小反射波，但消浪室的宽度（即开孔前墙和不透水后墙之间的宽度）一般应达到波长的四分之一。如果入射波为涌浪或者其他类型的长波，这意味着理想的消浪室宽度在实际工程上可能无法实现。最近，日本学者提出了一种能有效消减直立墙前反射波的新型结构——幕墙式消浪结构（curtain - walled dissipater），其断面如图 3.34 所示。设在直立墙前的垂直屏障称为幕墙。幕墙的厚度为 $q$，幕墙至直立墙的距离 $B$ 为消浪室的宽度，幕墙吃水深度用 $c$ 表示，水深为 $l$。由于入射波引起的消浪室内水体振荡运动和幕墙下面的涡旋运动使得波能大量耗散，从而实现消减反射波浪的目的。这种新型消浪结构的主要优点是能够有效地减小消浪室的设计宽度。

**图 3.33　消波设备(上海交通大学海洋工程深水池)**

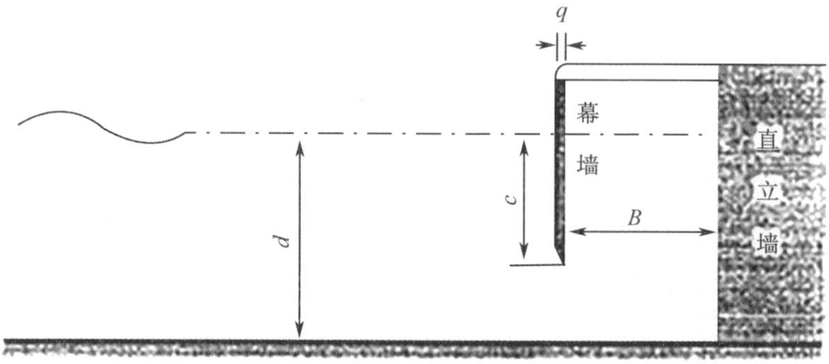


$d$—水深；$c$—幕墙吃水深度；$q$—幕墙厚度；$B$—消波室的宽度。

**图 3.34　幕墙式消浪结构断面示意图**

数值模拟是揭示幕墙式消浪结构水力学性能和消浪机理的有效手段。由于在幕墙和直立墙处产生的反射波在造波边界处可能形成二次反射，通常的方法需要在二次反射波传播到结构物之前停止计算。这意味着计算域的长度必须足够大。然而，在一个很长的立面二维计算域上全部采用黏流波浪数值模型做精细模拟，一方面计算工作量很大，另一方面必要性也不充分。为此，人们提出了一个耦合求解策略，即将二维 RANS - VOF 模型与一维 Boussinesq 方程模型耦合起来解决问题。该方法本书暂不赘述。

主动消波式造波机是目前研究消波方式人员关注的热点问题。为了在试验过程中使造波板处的波浪与目标波相同，我们常采用主动消波的方法，即造波机根据造波信号生成目标波，由在造波板上或板前安装的波高仪测量从侧壁和对面传来的一次反射波部分，然后加给造波机一种与原来运动反向的修正信号，从而获得吸收反射波的效果，避免二次反射波的产生。

采用主动吸收系统的优点：①可以吸收反射回造波机的波，避免二次反射波破坏入射波；②防止水池中的共振振荡，减少最大测试持续时间；③有效减少试验运行之间剩余波衰减所需的时间；④减少造波机和池壁构成的人工边界对试验结果的影响，提高试验结果的准确性；⑤达到低反射或零反射，节约试验水池的占用空间。目前国外知名水池试验机构均配备主动吸波式造波机，如荷兰海事研究中心 MARIN 水池、荷兰水力研究院 Delft 水池。

### 3.2.3　浪高仪

浪高仪俗称测波仪，是用于测量水池中波浪高度的仪器，如图 3.35、图 3.36 所示，它有接触式和非接触式两种类型，而按工作原理又可分为电阻式、电容式、超声波式、激光式、测速式和测压式等。其中最简单的就是机械式浮子浪高仪，利用浮子的升沉来确定波高，并输入计算机中进行实时处理。

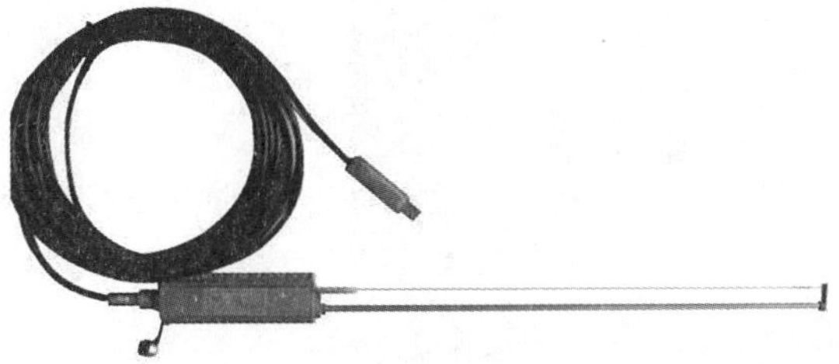

**图 3.35　数字浪高仪（电容式）**

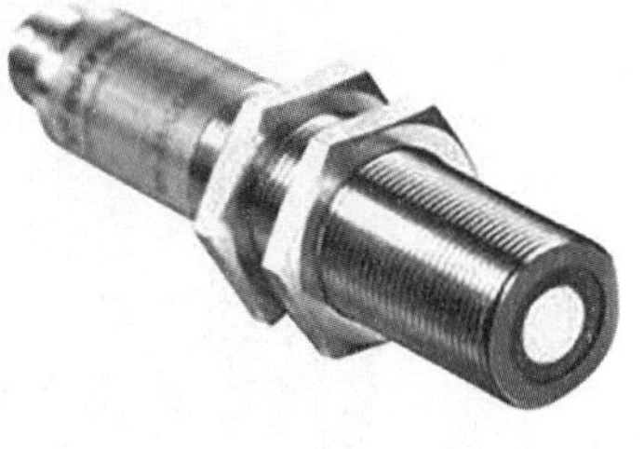

**图 3.36　数字浪高仪（超声波式、非接触式）**

### 3.2.4　船模运动测量仪

船模在斜浪或短峰波上运动时，由于其质心的运动轨迹是一个空间曲面，故以六自由度适航仪来测量为宜。它可以同时记录下船模的横摇、纵摇、艏摇、垂荡、纵荡和横荡六种运动状态。但在实际情况中，如果只测量船模在迎浪、横浪或随浪时的运动状态，可使用三自由度适航仪，它的结构比较简单；如果是只测量横摇、纵摇和转艏运动时，也可采用陀螺仪（图 3.37）。三自由度陀螺仪主要具有以下特性：定轴性、进动性、无惯性。它是利用加速度传感器测量船模上的加速度，经过两次积分，从而得到船模在运动方向上位移变化的规律。比如说，把加速度传感器放置在重心处，它的加速度方向垂直于水线面，就可测得垂荡运动的变化规律。还有一种测量方法就是滑轮 - 电位器组，即将滑轮与船模用绳子相连接，电位器置于滑轮上，随着船模的摆动，改变电位器上的输出电压，从而测定运动规律。

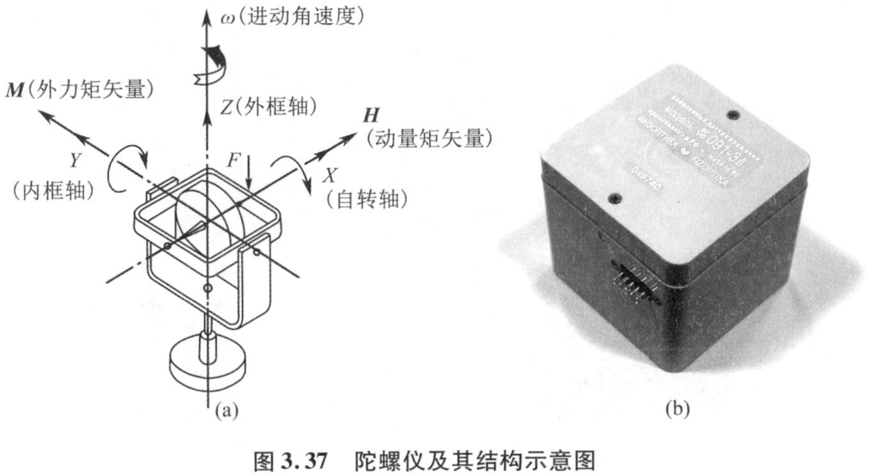


**图 3.37　陀螺仪及其结构示意图**

### 3.2.5 平面运动机构

平面运动机构(planar motion mechanism,PMM)如图3.38所示,是一种可在普通拖曳水池中试验确定各种水动力导数的试验装置。

图3.38 平面运动机构(汉堡水池HSVA)

平面运动机构可使做拖曳运动的模型产生振荡运动,由于强迫模型做谐和变化的横荡和艏摇运动,故可巧妙地进行谐和分析,从而把流体动力中的速度、加速度有同相位的成分分离出来,能方便地求取各项力和力矩的线性加速度导数和线性速度导数。平面运动机构可测量各种速度系数、角速度系数、加速度系数和耦合系数。

平面运动机构可分为垂直面平面运动机构(图3.39、图3.40)和水平面平面运动机构(图3.41、图3.42);按其振幅可分为小振幅平面运动机构和大振幅平面运动机构。垂直面平面运动机构一般用于潜艇的模型试验,水平面平面运动机构一般用于水面舰艇的模型试验。小振幅平面运动机构试验是用于测定线性水动力系数的,而大振幅平面运动机构可测得线性、非线性、耦合水动力系数。

图3.39 垂直面平面运动机构(VPMM)

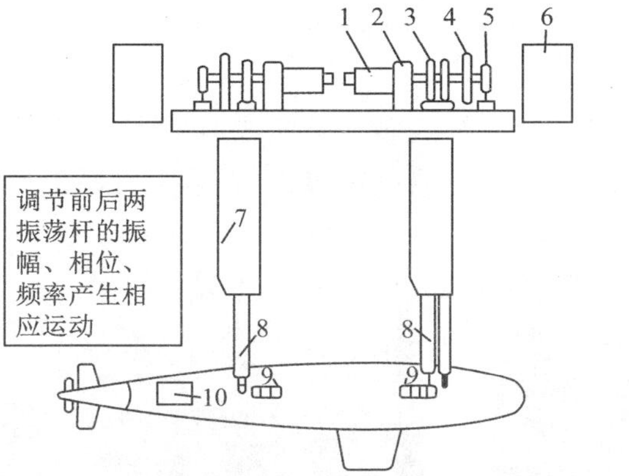


1—步进电机；
2—齿轮箱；
3—偏心机构；
4—光电控制装置；
5—轴承；
6—拖车安装架；
7—导流罩；
8—振荡杆；
9—力传感器；
10—螺旋桨电机。

图 3.40　垂直面平面运动机构(VPMM)构造图

图 3.41　大振幅水平面平面运动机构(LAHPMM)

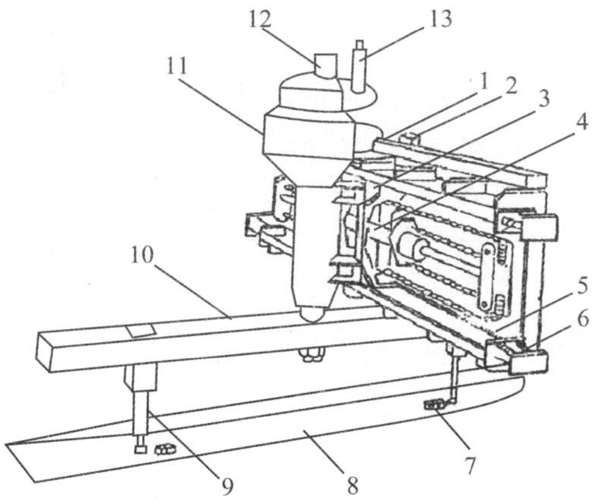


1—横荡反馈电位器；
2—横荡伺服阀；
3—横荡车；
4—油缸；
5—轨道；
6—缓冲器；
7—传感器；
8—船模；
9—连接杆；
10—横梁；
11—摇首机构；
12—摇首反馈电位器；
13—摇首伺服阀。

图 3.42　大振幅水平面平面运动机构(LAHPMM)构造图

### 3.2.6 造风装置

在试验水池中，风由并排悬挂在水池上方的多个轴流式风机产生，以保证造风的稳定区域足以覆盖试验模型的范围。通过大型计算机控制风机的转速，可以创建恒定风和时变风（风谱、阵风）。造风装置如图 3.43 所示。

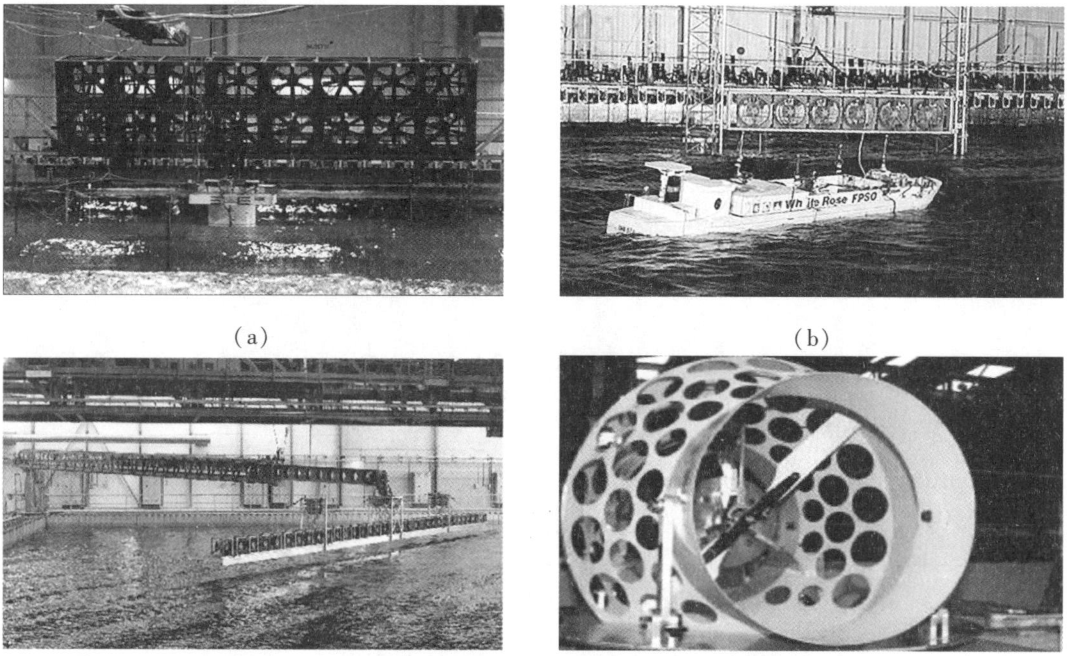


（a）　（b）

（c）　（d）

**图 3.43　造风装置**

### 3.2.7 造流装置

现有的造流系统主要有池内循环、假底循环和池外循环三种形式。池内循环是通过在水池内布置可移动的局部造流装置，在不同水深处、调节水泵的转速来模拟不同流速的水流。池内循环结构比较简单，使用方便，但流场的均匀性和稳定性难以得到保障。假底循环是依靠大功率水泵在水池一端吸取池中的水，经水泵加压后从安装在池墙另一端，均匀布置在假底下方的几排喷嘴中喷出高压水流，借以带动周围的水在水池内绕着假底循环，从而在假底上部形成一个方向的水的回流。但假底造流系统难以模拟深水流和剖面流。池外循环水流由水池外的大功率水泵驱动后，经管路和进水廊道进入水池，再经过水池对面的出水廊道返回管路中，形成一个完整的循环过程。池外循环能够准确地模拟实际的深海水流，将漩涡、回流等扰动在水池外消除掉，保证水池内部流场的均匀度和湍流强度，从而更好地模拟垂直方向上的不同流速剖面。

图 3.44 为池外循环造流系统示意图。图 3.45 为哈尔滨工程大学多功能深水池的局部造流装置，该装置由 10 台喷泵组成，流动区域宽 10 m，高 3 m，扰流速度为0.1 ~0.5 m/s。图 3.46 为 MARINTEK 水池的假底循环造流装置。

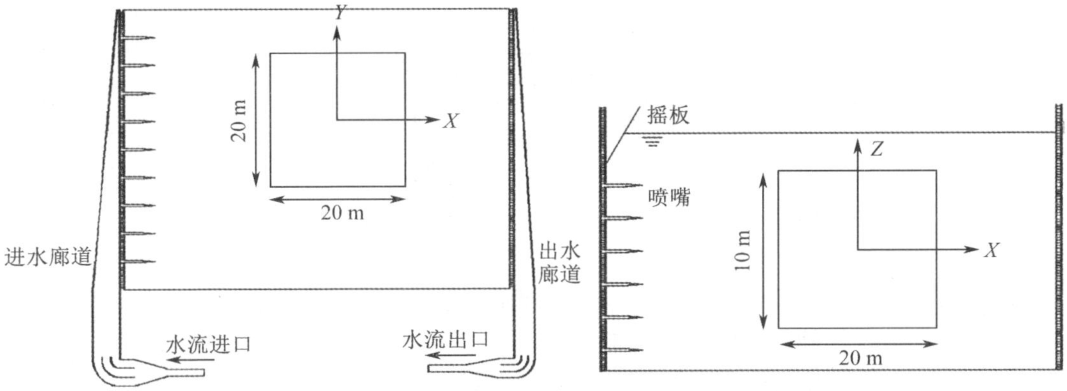


(a)俯视图　　(b)侧视图

**图 3.44　池外循环造流系统示意图**

**图 3.45　局部造流装置(哈尔滨工程大学)**

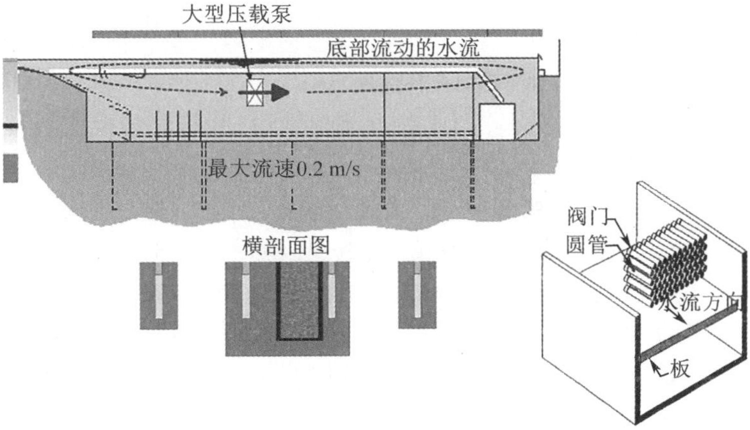


**图 3.46　假底循环造流装置(MARINTEK)**

# 3.3 测 量 设 备

## 3.3.1 传感器

从广义角度来讲,传感器是一种以一定的精确度把被测量转换为与之有确定对应关系的、便于应用的某种物理量的测量器件或装置。

这一定义包含了以下几方面的内容:①传感器是一种测量器件或装置,能完成检测任务;②它的输入量是某一被测量的量,在机电一体化系统中为物理量;③它的输出量是便于应用的某种物理量,在各种信号中便于传输、转换处理和显示的信号莫过于电信号,所以在机电一体化系统中传感器测量的输出采用电信号;④输入量与输出量之间有对应关系,并且有一定精确度。

国家标准 GB/T 7665—2005《传感器通用术语》中对传感器的定义是:能感受被测量并按照一定的规律转换成可用输出信号的器件或装置,通常由敏感元件和转换元件组成。其中敏感元件是指传感器中能直接感受或响应被测量的部分;转换元件是指传感器中能将敏感元件感受或响应的被测量转化成适于传输或测量的电信号部分。

国家标准不但给传感器下了定义,同时还介绍了传感器的组成。典型的传感器一般由敏感元件、转换元件、转换电路三部分组成。典型传感器组成框图如图 3.47 所示。

**图 3.47 典型传感器的组成框图**

敏感元件:它是直接感受和响应被测量,并输出与被测量有一定对应关系的某一物理量的元件。

转换元件:敏感元件的输出量就是它的输入量,它把输入量转换成电路参数量,但这个电路参数量一般需经转换后,才能被后续电路所应用。

转换电路:它接受转换元件所转换成的电路参数量,并将其转换成后续电路所能应用的电信号。

有些传感器结构简单,有些则较复杂。最简单的传感器只由一个敏感元件(兼转换元件)组成,它感受被测量时直接输出电量,如热电偶。如图 3.48(a)所示,两种不同材料 A 和 B,一端连接在一起,被测温度为 $T$,另一端与电位差计相接,温度为 $T_0$。热电偶根据回路中产生的一个与温度 $T$、$T_0$ 有关的电动势进行温度测量。另外,一些传感器只需由敏感元件和转换元件组成,不需要转换电路,如图3.48(b)所示的压电式加速度传感器就属于此类。其中,物体 m 是敏感元件,压电片是转换元件。

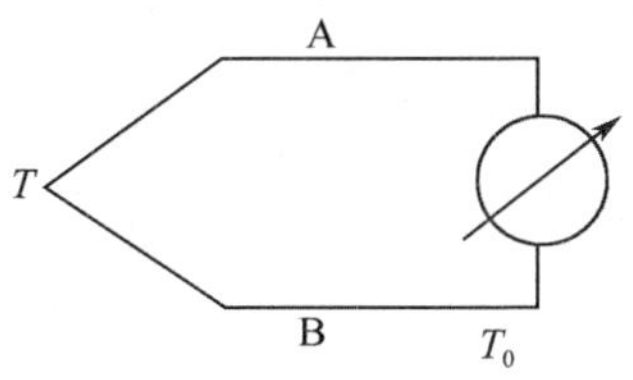


(a)热电偶

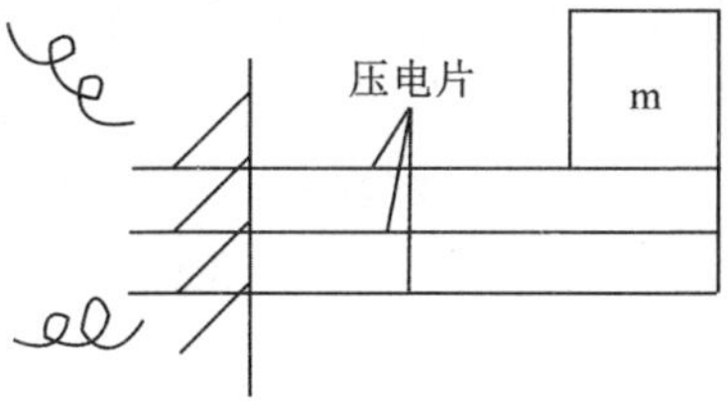


(b)压电式加速度传感器

**图 3.48　热电偶和压电式加速度传感器**

敏感元件与转换元件经常是装在一起的,为了减小外界的干扰和影响也希望转换电路和它们装在一起,但由于空间的限制或者其他原因,转换电路常装载于测控箱内。尽管如此,由于不少传感器要在通过转换电路之后才能输出可用的电信号,从而决定了转换电路是传感器的组成部分之一。

传感器根据工作原理可分为以下几种:电学式传感器、光电式传感器、热电式传感器、压电式传感器、半导体式传感器。

在运用机电一体化系统的设备进行科学试验和生产的过程中,需要对各种各样的参数进行检测和控制。它要求传感器能感受被测物理量,并将其转换成与被测物理量有一定函数关系的电信号。传感器能否将这些处于不断变动当中的物理量不失真地变换成相应的电信号,取决于传感器的基本特性。这里所说的基本特性主要是输出与输入之间的关系。传感器的这一基本特性可用静态特性和动态特性来描述。

1. 传感器的静态特性

传感器的静态特性是指传感器的被测量数值处于稳定状态时,传感器输出与输入的关系。传感器静态特性的主要技术指标有线性度、灵敏度、迟滞和重复性等。

(1)线性度

传感器的输出与输入的关系在不考虑迟滞、蠕变等因素的情况下,其静态特性可用下面线性方程式来表示:

$$Y = a_0 + a_1x + a_2x^2 + a_3x^3 + \cdots + a_nx^n \tag{3.1}$$

式中　$Y$——输出量;

$x$——输入量;

$a_0$——零点输出;

$a_1$——理论灵敏度;

$a_2, a_3, \cdots, a_n$——非线性项系数。

各项系数不同,决定了特性曲线的具体形式。

传感器的输出与输入的关系不同程度地存在着非线性问题,用线性度来表示这一特性。传感器线性度是指输出-输入特性曲线与理论直线之间的最大偏差与输出满度值之比,即

$$E = \pm \frac{\Delta_{\max}}{y_{\mathrm{fs}}} \times 100\% \tag{3.2}$$

式中　$E$——线性度;

$\Delta_{max}$——最大非线性绝对误差；

$y_{fs}$——输出满度值。

线性度又称为非线性误差，我们通常总是希望传感器的输出－输入特性曲线为线性，但实际的输出－输入特性曲线只能接近于线性，实际曲线与理论直线之间存在的偏差就是传感器的非线性误差。

如图3.49所示，除图中(a)为理想特性外，其他都存在非线性，都应进行线性处理。常用的线性处理方法有理论直线法、端点线法、割线法、最小二乘法和计算程序法等。

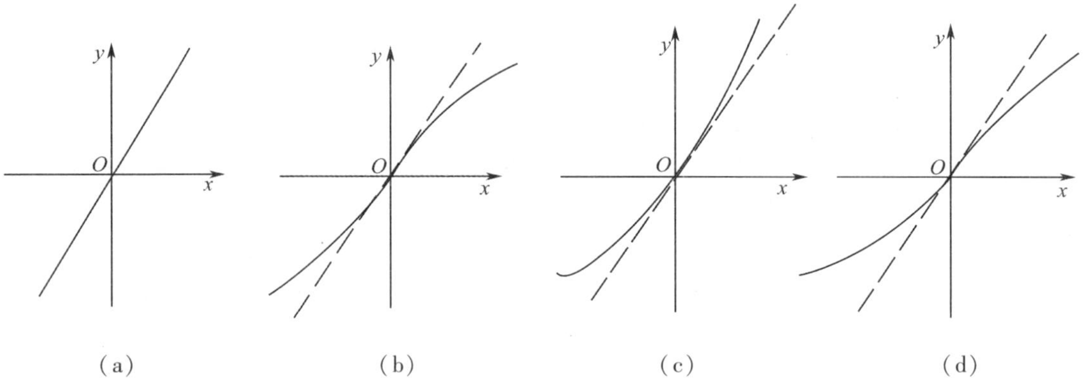


**图3.49　传感器的线性度**

(2)灵敏度

传感器的灵敏度是指传感器在稳定条件下，输出变化量和输入变化量的比值，其表达式为

$$K = \frac{\Delta y}{\Delta z} \tag{3.3}$$

式中　$K$——灵敏度，线性传感器的灵敏度是一个常数；

$\Delta y$——输出变化量；

$\Delta z$——输入变化量。

对于线性传感器，其灵敏度就是它的静态特性的斜率，非线性传感器的灵敏度是一个随工作点而变的变量。

(3)迟滞

传感器输入量增大行程期间(正行程)和输入量减小行程期间(反行程)，输出－输入特性曲线不重合称为迟滞，如图3.50所示。迟滞误差一般用正、反行程间输出的最大偏差$\Delta H_{max}$与满量程输出$Y_m$之比的百分数来表示，其表达式为

$$r_H = \pm \frac{1}{2} \frac{\Delta H_{max}}{Y_m} \times 100\% \tag{3.4}$$

迟滞误差又称为回程误差。它是由于传感器机械部分不可避免地存在着间隙摩擦及松动等原因产生的。

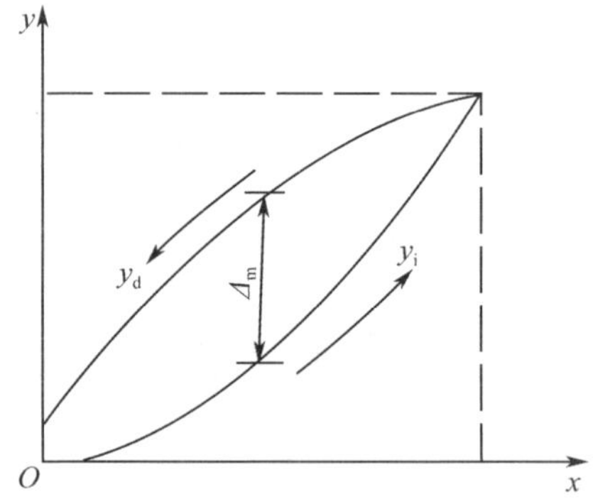


**图3.50　传感器的迟滞现象**

(4)重复性

重复性是传感器在输入量按同一方向做全量程多次测试时，所得特性曲线不一致性的程度，如图 3.51 所示。图中 $\Delta_{m1}$ 和 $\Delta_{m2}$ 为多次测试的不重复误差，多次测试的曲线越重合，其重复性越好。

设正行程的最大重复性偏差为 $\Delta R_{max1}$，反行程的最大重复性偏差为 $\Delta R_{max2}$，重复性偏差取这两个最大偏差中的较大者 $\Delta R_{max}$，则重复性用 $\Delta R_{max}$ 与满量程输出 $Y_m$ 之比的百分数来表示，其表达式为

$$r_R = \pm \frac{\Delta R_{max}}{Y_m} \times 100\% \tag{3.5}$$

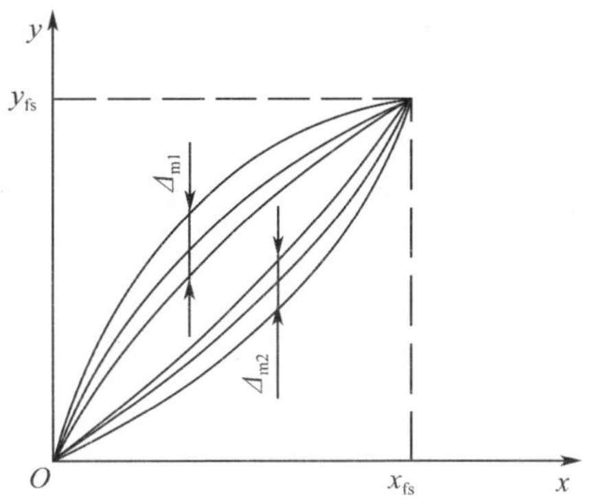


**图 3.51　传感器的重复性**

(5)分辨力

传感器的分辨力是在规定测量范围内所能检测的输入量的最小变化量，有时也用该值相对满量程输入值的百分数表示。

(6)稳定性

稳定性有短期稳定性和长期稳定性之分。传感器常用长期稳定性，它是指在室温条件下，经过相当长的时间间隔，如一天、一月或一年，传感器的输出与起始标定时的输出之间的差异。通常又用其不稳定度来表征其输出的稳定程度。

(7)漂移

传感器的漂移是指在外界的干扰下，输出量发生与输入量无关的不需要的变化。漂移包括零点漂移和灵敏度漂移等。零点漂移和灵敏度漂移又可分为时间漂移和温度漂移。时间漂移是指在规定的条件下，零点或灵敏度随时间的缓慢变化；温度漂移为环境温度变化而引起的零点或灵敏度的变化。

2. 传感器的动态特性

在实际的测量过程中，大量的被测物理量是随时间变化的动态信号。这就要求传感器的输出不仅能精确地反映被测量的大小，还能正确地表现出被测量随时间变化的规律，这就是传感器的动态特性，即在测量动态信号时，传感器的输出反映被测量的大小和随时间变化的特性。

传感器动态特性一般取决于传感器本身，但也与被测量的变化形式有关。传感器的动态特性的主要技术指标有频率特性、响应时间、临界速度等。

传感器一般由若干环节所组成。这些环节，可能是模拟环节，也可能是数字环节。有些传感器可能兼有两种环节，这时就要分别研究不同环节的动态特性。

在研究动态特性时，要根据有“规律性”的输入来鉴别传感器的响应特性。对于复杂周期输入信号可以分解为各种谐波，所以用正弦周期输入信号来代替。其他瞬变输入可用阶跃输入来代替。为此，动态测量输入信号的“标准”输入只有三种：正弦周期输入、阶跃输入和线性输入。对于不符合三种“标准”的输入，要进行细分，以相对微观的过程找出符合三种“标准”的变化规律进行处理。

(1)模拟式传感器的动态特性

为了分析模拟式传感器的动态特性，首先要建立它的数学模型，求出传递函数。一般情况下，传感器输出信号 $y$ 与被测量 $x$ 之间的关系可用下面函数表达式进行表达：

$$f_1(\mathrm{d}^n y/\mathrm{d}t^n,\cdots,\mathrm{d}y/\mathrm{d}t,y) = f_2(\mathrm{d}^n x/\mathrm{d}t^n,\cdots,\mathrm{d}x/\mathrm{d}t,x) \tag{3.6}$$

对于大多数传感器在其工作点附近一定范围内,其数学模型可用线性微分方程来表示,即

$$a_n\mathrm{d}^n y/\mathrm{d}t^n + \cdots + a_1\mathrm{d}y/\mathrm{d}t + a_0 y = b_m\mathrm{d}^m x/\mathrm{d}t^m + \cdots + b_1\mathrm{d}x/\mathrm{d}t + b_0 x \tag{3.7}$$

设 $x(t)$、$y(t)$ 的初始条件为 0,对式(3.7)两边逐项进行拉普拉斯变换(拉氏变换),可得

$$a_n s^n y(s) + \cdots + a_1 s y(s) + a_0 y(s) = b_m s^m x(s) + \cdots + b_1 s x(s) + b_0 x(s) \tag{3.8}$$

由此可求出初始条件下输出信号的拉氏变换 $y(s)$ 与输入信号的拉氏变换 $x(s)$ 的比值:

$$\frac{y(s)}{x(s)} = W(s) = \frac{b_m s^m + \cdots + b_1 s + b_0}{a_n s^n + \cdots + a_1 s + a_0} \tag{3.9}$$

$W(s)$ 被定义为传感器的传递函数。

传递函数是拉氏变换算子 $s$ 的有理分式,所有系数 $a_n,\cdots,a_1,a_0$ 及 $b_m,\cdots,b_1,b_0$ 都是实数,这是由传感器的结构参数决定的。分子的阶次 $m$ 不能大于分母的阶次 $n$,这是由物理条件决定的。分母的阶次用来代表传感器的特性,$n=0$ 时称为零阶,$n=1$ 时称为一阶,$n=2$ 时称为二阶,$n$ 更大时称为高阶。

以上讨论了模拟式传感器一般情况下的动态特性数学模型和传递函数的函数表达式。在实际测量当中,要根据不同传感器的特性来建立具体的数学模型和传递函数,以讨论和处理它们的动态特性。

(2)数字式传感器的动态特性

对于数字式传感器,主要注意在工作中不要丢失数据。为达到这一目的,输入量的变化速度是一个关键性的因素。因此,对数字式传感器动态特性的主要要求是输入量的临界速度。数字式传感器可分为增量码式、绝对码式、频率式几种。不同形式的细分电路相同,后续电路也不相同,影响临界速度的因素也不相同。一般来说,主要影响因素有:模拟环节的频率特性、细分电路的影响能力、逻辑部件的响应时间、采样频率等。

3. 传感器的标定与校准

(1)标定与校准的方法

利用某种标准器具对新研制或生产的传感器进行全面的技术检定和标度,称为标定。对传感器在使用中或储存后进行的性能复测,称为校准。它们的本质和方法相同,本节仅讲述标定。

标定的基本方法:利用标准仪器产生已知的非电量并输入到待标定的传感器中,然后将传感器输出量与输入的标准量做比较,获得一系列标准数据或曲线。有时输入的标准量是利用一个标准传感器检测得到的,这时的标定实质上是待标定传感器与标准传感器之间的比较。

为了保证标定的各种量值准确,标定应按计量部门规定的检定规程和管理办法进行。各种标准量值都有一个传递系统。按此系统,只能用上一级标准装置检定下级传感器及配套的仪器。如果待标定的传感器精度较高,也可以跨级使用更高级的标准装置。标定时应注意将使用环境条件、安装技术条件、配用电缆和放大器等一起标定。

(2)静态标定

静态标定是指输入信号不随时间变化的静态标准条件下,对传感器的静态特性(如灵敏度、线性度、滞后、重复性等指标)的检定。其过程和步骤如下:

①将传感器全量程分成若干等间隔点;

②按等间隔点由小到大一点一点地输入标准量值，记录下各输入值对应的输出值；

③再按等间隔点由大到小一点一点地输入标准量值，同时记录下对应的输出值；

④按上述第②③步骤所述过程，对传感器进行多次正、反行程测试，将得到的输出－输入测试数据用表格列出或画成曲线；

⑤对测试数据进行必要的处理，根据处理结果，可以确定传感器的线性度、灵敏度、迟滞和重复性等静态特性指标。

(3)动态标定

动态标定主要是研究传感器的动态响应。标准激励源有两种：一种是周期性函数，如正弦波信号、三角波信号等，以正弦波信号为常用；另一种是瞬变函数，如阶跃信号、半正弦波信号等，以阶跃信号为常用。对被标定传感器输入标准激励信号，测得输出数据，做出输出值与时间的关系曲线。由输出曲线与输入标准激励信号比较可以标定传感器的动态响应时间常数、幅频特性及相频特性等。

## 3.3.2　电阻应变片传感器

电阻应变片，简称应变片，是非电量电测法中一种常用的转换元件。利用应变片及相应的电测仪器，测量出船体结构的应力分布情况，进行应力分析，这对验证船体结构的设计理论，分析使用中产生破坏的原因，以及确定设计方案等都是非常必要的。

具体来说，电阻应变片的作用是把导体的机械应变转换成电阻应变。电阻应变片的典型结构如图 3.52 所示。合金电阻丝以曲折形状(栅形)，用黏结剂粘贴在绝缘基片上，两端通过引线引出，丝栅上面再粘贴一层绝缘保护膜。该合金电阻丝栅应变片长为 $l$，宽度为 $b$。把应变片粘贴于所需测量变形物体表面，敏感栅随被测体表面变形而使电阻值改变，测量电阻的变化量便可得知变形大小。应变片体积小，使用简便，测量灵敏度高，可进行动态和静态测量，精度符合要求。

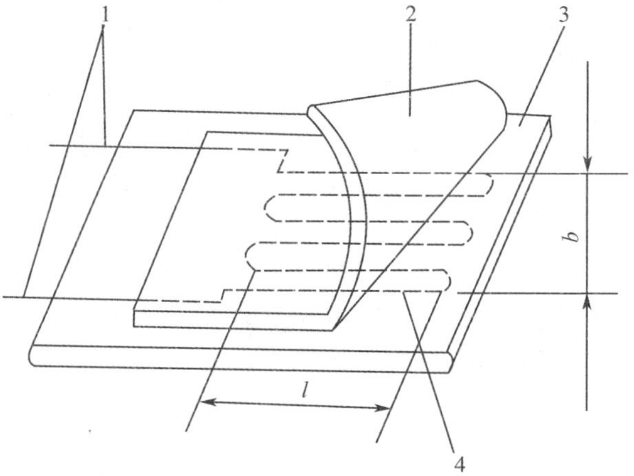


1—引线；
2—覆盖层；
3—基片；
4—电阻丝式敏感栅。

**图 3.52　电阻应变片的典型结构**

1. 电阻应变片工作原理

电阻应变片测量试件应变的原理主要是借试件的变形，引起粘贴在试件表面上的电阻应变片电阻值的变化，如果电阻值的变化率 $\Delta R/R$ 与应变 $\Delta l/l$ 二者之间建立如下关系：

$$\Delta R/R = k \cdot \Delta l/l \tag{3.10}$$

该式即为电阻应变片测量试件应变原理的表达式,$k$ 称为电阻应变片的灵敏系数。

2. 电阻应变片的结构

电阻应变片主要由四部分组成,如图 3.52 所示。

(1)电阻丝是电阻应变片的敏感元件。

(2)基片和覆盖层起定位和保护电阻丝的作用,并使电阻丝和被测试件之间绝缘。

(3)引线用于连接测量导线。

3. 电阻应变片的分类

电阻应变片主要分为金属电阻应变片和半导体应变片两类。金属电阻应变片分体型和薄膜型。属于体型的有电阻丝式(丝式)应变片、箔式应变片和应变花。

丝式应变片如图 3.53 中的(a)(b)(c)所示。它分为回绕式(U 形)应变片、短接式(H 形)应变片和 V 形应变片三种。其优点是粘贴性能好,能保证有效地传递变形,性能稳定,且可制成满足高温、强磁场、核辐射等特殊条件使用的应变片;缺点是 U 形应变片的圆弧形弯曲段呈现横向效应,H 形应变片因焊点过多,可靠性下降。

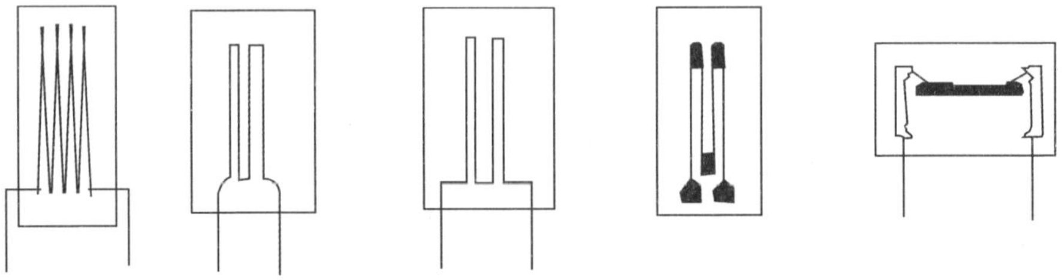

(a)V 形　(b)回绕式(U 形)　(c)短接式(H 形)　(d)箔式　(e)半导体

**图 3.53　应变片的类型**

箔式应变片如图 3.53(d)所示。它是用照相制版、光刻、腐蚀等工艺制成的金属箔栅。它的优点是:①金属箔栅很薄,因而它所感受的应力状态与试件表面的应力状态更为接近;②当箔材和丝材具有同样的截面积时,箔材与粘接层的接触面积要比丝材的更大,使它能更好地和试件共同工作;③箔栅的端部较宽,横向效应较小,因而提高了应变测量的精度;④箔材表面积大,散热条件好,故允许通过较大的电流,因而可以输出较强的信号,提高了测量灵敏度;⑤箔栅的尺寸准确、均匀且能制成任意形状,特别是为制造应变花和小标距立交片提供了条件,从而扩大了应变片的使用范围;⑥便于成批生产。

箔式应变片的缺点是:①生产工序较为复杂;②引线的焊点采用锡焊,不适用于高温环境下测量;③价格较贵。

半导体应变片是用锗或硅等半导体材料作为敏感栅。图 3.53(e)给出了 P 型单晶硅半导体应变片结构示意图。半导体应变片灵敏系数大、机械滞后小、频率响应快、阻值范围宽(可从几欧到几十千欧),易于做成小型和超小型传感器;但热稳定性差,测量误差较大。

在平面力场中,为测量某一点上主应力的大小和方向,常需测量该点上两个或三个方向的应变。为此需要把两个或三个应变片逐个粘贴成应变花,或直接通过光刻技术制成。应变花有互成 45°直角形应变花和互成 60°等角形应变花两种基本形式,如图 3.54 所示。

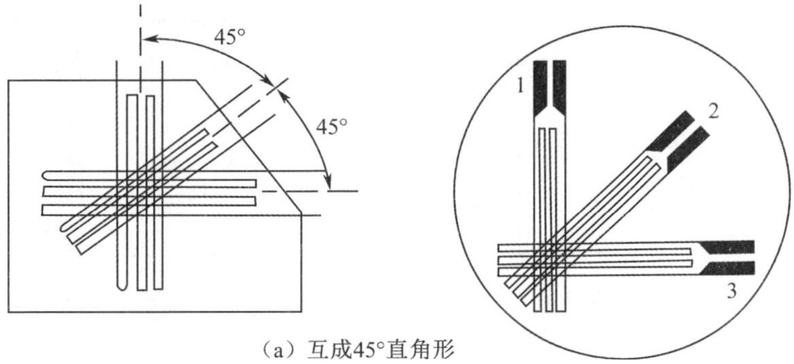


（a）互成45°直角形

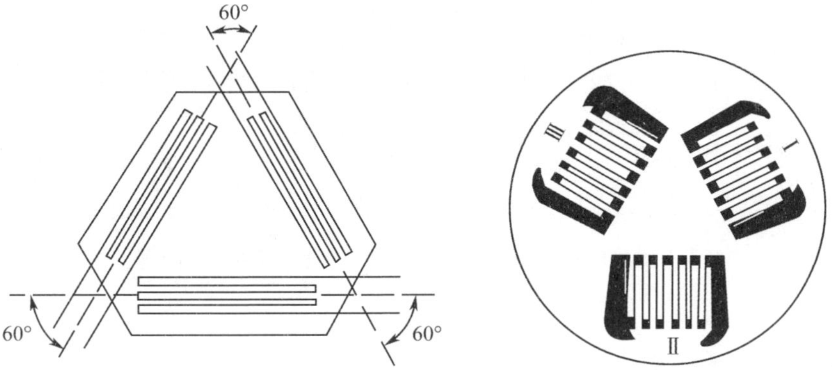


（b）互成60°等角形

**图 3.54　应变花的基本形式**

图 3.55(a)、图 3.55(b)为半桥测量电路。在图 3.55(a)中,$R_1$ 为测量片,$R_2$ 为补偿片,$R_3$、$R_4$ 为固定电阻。补偿片起温度补偿的作用,当环境温度改变时,补偿片与测量片阻值同比例改变,使桥路输出不受影响。下面分析电路工作原理:

无应变时,$R_1=R_2=R_3=R_4=R$,则桥路输出电压为

$$u_o = \frac{u_i R_1}{R_1 + R_2} - \frac{u_i R_4}{R_3 + R_4} = 0 \tag{3.11}$$

有应变时,$R_1=R_1+\Delta R_1$,则

$$u_o = \frac{u_i(R_1 + \Delta R_1)}{R_1 + \Delta R_1 + R_2} - \frac{u_i R_4}{R_3 + R_4} \tag{3.12}$$

由 $R_1=R_2=R_3=R_4=R$,$\Delta R_1/2R=1$ 可得

$$u_o = \frac{1}{4}k\varepsilon_1 u_i = \frac{\Delta R_1 u_i}{4R} \tag{3.13}$$

式中,$k\varepsilon_1 = \dfrac{\Delta R_1}{R}$;$\varepsilon_1$ 为测量电路上感受的应变;$k$ 为灵敏系数。

在图 3.55(b)中,$R_1$、$R_2$ 均为相同应变测量片,又互为补偿片。有应变时,一片受拉,另一片受压,此时阻值分别为 $R_1+\Delta R_1$ 和 $R_2-\Delta R_2$。按上述同样的方法,可以计算输出电压为

$$u_o = \frac{\Delta R_1 u_i}{2R} \tag{3.14}$$

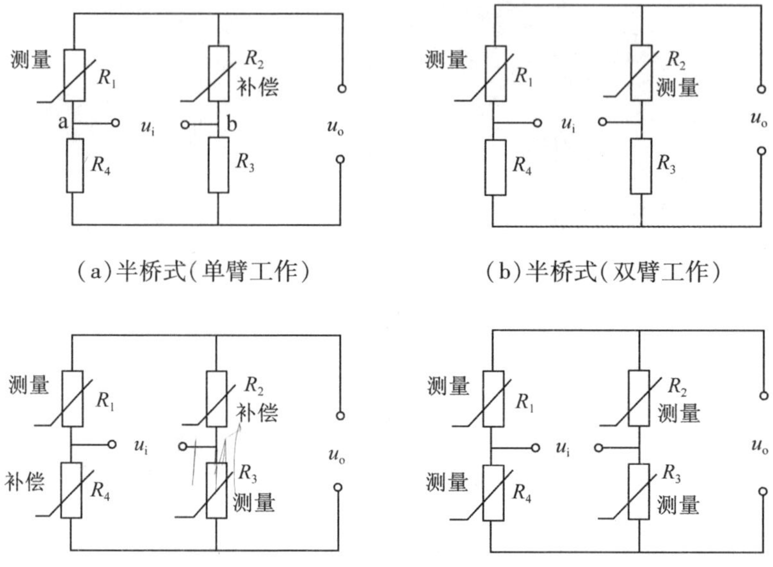


(a)半桥式(单臂工作)　　(b)半桥式(双臂工作)

(c)全桥式(双臂工作)　　(d)全桥式(四臂工作)

**图 3.55　基本测量电路**

图 3.55(c)、图 3.55(d)是全桥测量电路。在图 3.55(c)中,$R_1$、$R_3$ 为相同应变测量片,有应变时,两片同时受拉或同时受压;$R_2$、$R_4$ 为补偿片。输出电压也为 $u_o = \dfrac{\Delta R_1 u_i}{2R}$。

图 3.55(d)是四个桥臂均为测量片的电路,且互为补偿。有应变时,必须使相邻两个桥臂上的应变片一个受拉,另一个受压。输出电压为

$$u_o = \frac{\Delta R_1 u_i}{R} \tag{3.15}$$

## 3.3.3　测力传感器

测力传感器(图 3.56)种类繁多,依据不同的物理效应和检测原理可以分为电阻应变式、电容式、压磁式、压电式、振弦式等。测力传感器可测量拉力、压力及力矩。如测量系泊线、立管所受张力的拉力传感器,测量靠泊力、波浪砰击力的压力传感器,测量浮体在外界环境载荷作用下受到的六个自由度的力和力矩的三分力、四分力、五分力、六分力天平。

**图 3.56　测力传感器**

以电容式压力传感器为例,其工作原理是利用电容作为敏感元件,将被测压力转换成电容值改变的压力传感器。这种压力传感器一般采用圆形金属薄膜或镀金属薄膜作为电容器的一个电极,当薄膜感受压力而变形时,薄膜与固定电极之间形成的电容量发生变化,通过测量电路即可输出与电压成一定关系的电信号。

### 3.3.4　加速度传感器

图3.57　三轴数字加速度计

加速度传感器是一种能感受加速度并转换成可用输出信号的传感器,如图3.57所示。根据牛顿第二定律,只需测量作用力就可以得到已知质量物体的加速度。利用电磁力平衡这个力,就可以得到作用力与电流或电压的对应关系。通过这个简单的原理来设计加速度传感器,本质是通过作用力造成传感器内部敏感元件发生变形,通过测量其变形量并用相关电路转化成电流或电压输出,得到相应的加速度信号。

### 3.3.5　倾角传感器

图3.58　倾角传感器

倾角传感器(图3.58)的理论基础是牛顿第二定律,根据基本的物理原理,在一个系统内部,速度是无法测量的,但却可以测量其加速度。如果初速度已知,就可以通过积分计算出线速度,进而计算出直线位移。所以它其实是运用惯性原理的一种加速度传感器。

当倾角传感器静止也就是侧面和垂直方向没有加速度作用时,作用在它上面的只有重力加速度。重力垂直轴与加速度传感器灵敏轴之间的夹角就是倾斜角了。倾角传感器把微控制单元(microcontrdler unit,MCU)、微机电系统(microelectro mechanical systems,MEMS)加速度计、模数转换电路、通信单元全都集成在一块非常小的电路板上,可以直接输出角度等倾斜数据,让人们更方便地使用它。

### 3.3.6　位移传感器

图3.59　位移传感器

位移传感器(图3.59)又称为线性传感器,是属于金属感应的线性器件。在生产过程中,位移的测量一般分为测量实物尺寸和机械位移两种。按被测变量变换的形式不同,位移传感器可分为模拟式和数字式两种。模拟式位移传感器又可分为物性型和结构型两种。常用位移传感器以模拟式结构型居多,包括电位器式位移传感器、电感式位移传感器、自整角机、电容式位移传感器、电涡流式位移传感器、霍尔式位移传感器等。数字式位移传感器的一个重要优点是便于将信号直接送入计算机系统。这种传感器发展迅速,应用日益广泛。

### 3.3.7 非接触式运动测量仪

非接触式光学六自由度运动测量仪,是应用摄像机跟踪测量固定在模型上的至少 3 个发光源,得到光源随模型运动的三维空间坐标数据,然后通过软件的信号处理与计算分析得到浮体的六自由度运动,如图 3.60 所示。这种非接触的方式有效避免了接触干扰和环境干扰,减少了测量误差,计算速度快,精度高,线位移可达 1 mm,角运动可达 0.1°。因此,目前大部分海洋工程水池都采用非接触式光学运动测量仪。图 3.61 为瑞典 QUALISYS 公司生产的 Qualisys 三维运动测量仪及其分析软件。

**图 3.60 非接触式光学六自由度运动测量仪原理图**

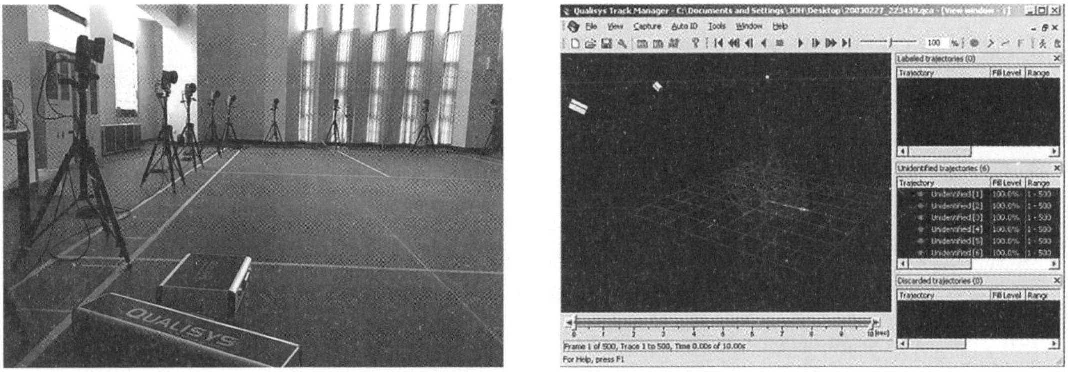


(a) (b)

**图 3.61 Qualisys 三维运动测量仪及其分析软件**

### 3.3.8 风速仪

风速仪是用来测量风速的仪器,其种类和型号有很多种,根据测量原理不同,可分为叶轮式风速仪和热线风速仪、超声波式风速仪和皮托管式风速仪。叶轮式风速仪全部采用机械结构,操作简单,价格低廉,携带方便,但精度较低,主要用于测量平均风速。热线风速仪(图 3.62)是根据风速感应元件的冷却效应输出电信号的测风仪器,其受流场的干扰小,响应快,精度高,能实时测量非定常风速和低风速等瞬时风速,但成本较高。超声波式和皮托管式风

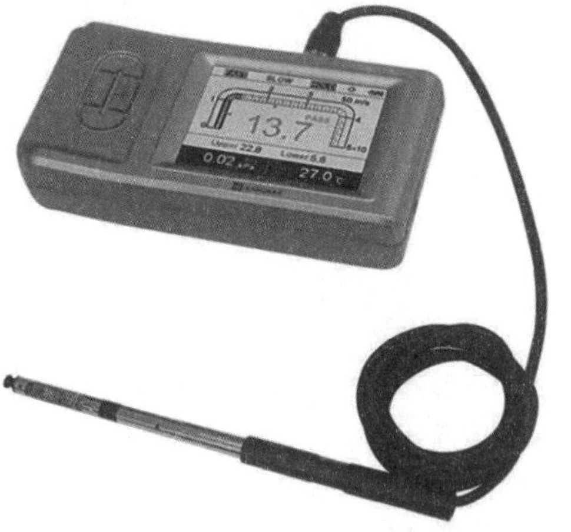


**图 3.62 热线风速仪**

速仪因应用场景具有较大局限性，目前专用较少。

### 3.3.9　流速仪

流速仪是用于测量水流速度和方向的仪器，从而掌握水流特性，研究其在时间上的变化和空间上的分布，分析相关规律。流速仪的种类很多，按其探头的工作原理，可以分为机械式、电磁式和声学式三种类型。浮式结构系泊系统模型试验通常采用机械式叶轮流速仪和超声波多普勒流速仪（图 3.63）两种，前者主要用于测量平均水流速度，后者用于实时测量瞬时的水流速度和方向。

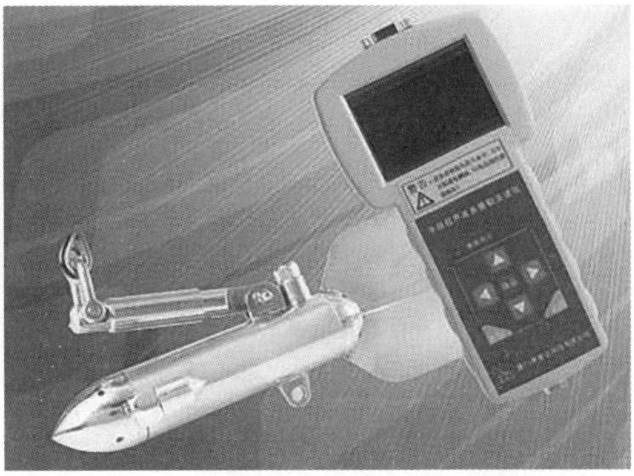

**图 3.63　手持超声波多普勒流速仪**

除了以上常用的测量仪器外，数码相机、高速摄像机、水下摄像机也都是模型试验必不可少的辅助设备，用于记录整个试验过程中浮体的运动和受力情况。

# 第4章　流动显示技术

## 4.1　概　　述

船舶流体动力测试技术是以流场内流体的流动显示技术为主(另外也包含一些传感器,如电阻应变片传感器等)的一项船舶基础试验技术。为此,首先,需要对流动显示技术有一个整体的认识和了解。其次,根据实际船舶流体动力测试技术的需要选择适合其试验目的的流动显示技术方法等。在船舶流体动力试验中,传感器的使用,尤其是电阻应变片传感器的使用最为广泛,所以还需要对电阻应变片传感器有一定的了解。最后,由于在船舶流体动力试验后需要对测量得到的数据进行处理、优化等,故还需要了解有关数据处理方面的知识。

流动显示技术是随着流体力学的发展而发展起来的,至今已有一百多年的历史。可以说,流体力学发展中的任何一次学术上的重大突破及其应用于工程实际,几乎都是从对流动现象的观察开始的。如1883年的Reynolds转捩试验;1888年的Mach关于激波现象的观察;20世纪初期Prantl用金属粉末做示踪粒子,获得了一张沿平板的流谱图,从而提出了边界层的概念;1919年V. Karman对外水槽中圆柱体绕流的观察并提出了Karman涡街;20世纪60年代,学者对脱体涡流型的研究,70年代对湍流拟序结构的发现,80年代对大迎角分离流的研究和分离流型的提出等,无一不是以流动显示的结果为基础的。而对流动现象的深入分析,不仅可以了解复杂的流动现象,探索其物理机制和运动规律,发现新的流动现象,为建立新的概念和物理模型提供依据;同时,流动显示技术本身也是解决实际工程问题的重要手段。因此,研究流动显示技术是十分重要的。

## 4.2　流动显示技术的现状

通常把流动显示技术分成常规的(即传统的)流动显示方法和计算机辅助的流动显示方法。

常规的流动显示方法包括壁面显迹法、丝线法、示踪法和光学法,它们分别适用于不同速度范围。流动显示研究的一个重要目标是不断地向速度范围的两端(较高速度和较低速度)扩展。

计算机辅助的流动显示方法以含有计算机辅助技术为标志。在试验方面,其以常规的流动显示设备为基础,用计算机图像处理系统做图像处理,然后用彩色显示参数的变化,给出丰富的流场信息和高质量的图像。在计算方面,其重视试验与计算的结合,用流动显示或流场测量给出某些边界条件或进行全流场测量,然后用数值模拟方法进行计算,用计算机作图，最后以图像显示其结果。计算机辅助的流动显示技术的关键是应用图像处理技术。它不仅提高了流动显示数据处理的速度和精度，而且提高了显示图像的质量，把流动显示提高到了一个新的水平。

### 4.2.1　新一代流动显示技术

由于近现代工程对复杂流动的认识的迫切需要和激光技术、计算机技术、电子技术、信息处理技术等的飞速发展，促进了新一代流动显示技术的问世和发展。近几十年来，发展起以粒子图像测速（PIV）、激光多普勒测速仪（LDV）、热线风速仪（HWA）、激光诱发荧光（LIF）、激光分子测速（LMV）、压敏涂层测压（PSP）等为代表的新一代流动显示技术，它们一般兼有定性显示和定量测量的能力，有的已经实现了对非定常复杂流动的空间结构的瞬态显示与测量，从而对复杂流动的研究取得了重大进展。需要特别指出的是，热线风速仪虽然相对其他几种测速技术的历史要长许多，但是由于它在近些年的发展很迅速，所以把它归在了新一代流动显示技术中。

### 4.2.2　流动显示技术的发展趋势

1. 多种流动显示技术的综合使用

由于目前可使用的流动显示方法很多，但这些方法又各有所长，且各有一定的使用条件和流速范围，所以在一个研究项目中往往把多种流动显示方法综合使用，相互补充，相互验证，以获得丰富、可信的复杂流动信息。例如，美国在航天飞机气动设计的研究中，就用油流、升华、液晶、荧光微丝、红外热像等多种方法显示表面流动和热状态，又用烟流、蒸汽屏、阴影、纹影、全息干涉等多种方法测量表面流动和热状态，而用烟流、片光、阴影、纹影、全息干涉等多种方法显示和测量空间流态。

2. 以瞬时、定量、三维流动显示为目标，发展多种新的流动显示技术

目前，最引人注目的是PIV、LIF和PSP技术。PIV技术已达到实用阶段。LIF技术既能定性地显示流场，又能定量地测量速度、温度和密度等参数；既可用于低速流动，又可用于高速流动，是一种很有发展前途的流动显示技术。PSP技术在国外已用于型号试验，并不断向低马赫数 $Ma$ 使用范围扩展，由于它具有能连续获得压力场信息，且可大量节省模型制造费和风洞试验费等明显优点，因此也倍受人们关注。

近年来发展的激光分子流场检测技术方兴未艾，它是通过流场中分子与激光场的相互作用（散射、吸收、色斑、辐射、解离等），利用光学效应和光学成像技术把流场参数转变为光学参数，通过光学处理获得流场信息。由于它一般不需要粒子，测量信息量大，精度高，因此受到重视。

3. 流动显示技术与计算机结合

在近代流动显示技术中，计算机主要用于对流动显示系统实施控制、图像处理和数据处理，把二维图像进行三维重建，获得空间的流动结构和定量的结果。

4. 流动显示与计算流体（CFD）结合

用各种流动显示方法提供必要的边界条件和物理模型，以提高数值模拟的准确度；同时，数值计算的结果又有助于对流动图像的分析。

在了解流场显示方面的内容后，根据船舶流体动力测试技术的需要选择适合其试验时要求的流场显示技术，从而可以获得需要的流场方面的图像和数据等。

# 4.3 传统流动显示技术

## 4.3.1 概述

传统的流动显示方法主要分为壁面显迹法、丝线法、示踪法和光学法，它们分别适用于不同的速度范围。本节主要介绍着色法、漂浮物法、色线技术、氢气泡技术和烟线流动显示技术等传统流动显示技术，它们主要应用于低速流动显示。

传统流动显示技术应用时应注意以下几点：

(1)应根据所研究的流动问题和流速范围选用合适的显示技术；

(2)如要选用示踪粒子时应根据不同的流动显示方法和实际情况来选用合适的粒子，即应选用毒性和污染都尽可能小而散射光能力又尽可能高的材料，同时粒子直径和浓度也要适当，最后还要特别注意粒子对流体运动的跟随性；

(3)判读和分析所显示的流动图像时要谨慎小心，并非任何时候都“眼见为实”。

## 4.3.2 着色法

着色法即将有颜色的液体引入水中，便可以观察到水的流动状态。这些液体可以是墨水、牛奶、高锰酸钾和苯胺颜料的酒精溶液。为了使它们的密度等于或接近1 $g/cm^3$，还可以和某些适当密度的液体混合在一起，例如用苯和四氯化碳混合制成密度等于1 $g/cm^3$ 的油滴。在这些有颜色的液体中，以牛奶为最好，不仅颜色清楚(乳白色)，而且牛奶中含有脂肪，在水中不易扩散，因此稳定性最好。

将有色液体注入水中时，应使注入的速度在大小和方向上与当地水流一致。这种方法不适宜于显示非定常流的或者漩涡的流动。下面以雷诺实验来说明着色法的应用。

1. 雷诺实验

流体流动具有层流和紊流两种不同的流动状态，这是雷诺在一百年以前做实验时发现的。它是一个很重要的发现，因此将此实验称为雷诺实验。

雷诺实验就是在水流过玻璃管时，将红墨水或高锰酸钾或龙胆紫通过针形小管注入水流中，以便观察水在玻璃管中的流动状态。图4.1为雷诺实验的装置简图。

当管中水流速度很慢时，红墨水沿着管轴直线平稳流动，成为一条直线(图4.2(a))。这时红墨水的形状反映了管中水流是沿管轴一层层平稳地流动的，这种流动状态称为层流。

当水流速度逐渐加大时，红墨水所形成的直线开始摆动成为波浪形(图4.2(b))。这种摆动反映了管中水流不稳定，反映了水流不仅有沿着管轴的分速度，而且还产生了垂直管轴的分速度。此时显示的流态是水流从层流的流动状态转变为另一种流动状态的过渡。

当水流速度增大到某一数值后，红墨水很快和水混杂在一起(图4.2(c))。这种混杂反映了管中各层水流相互掺合，除了沿管轴的速度外，还产生了不规则的各个方向的脉动速度，这种流动状态称为紊流。

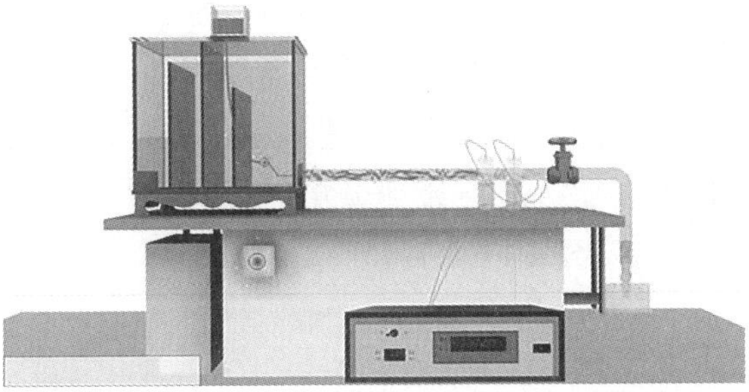

图4.1 雷诺实验的装置简图

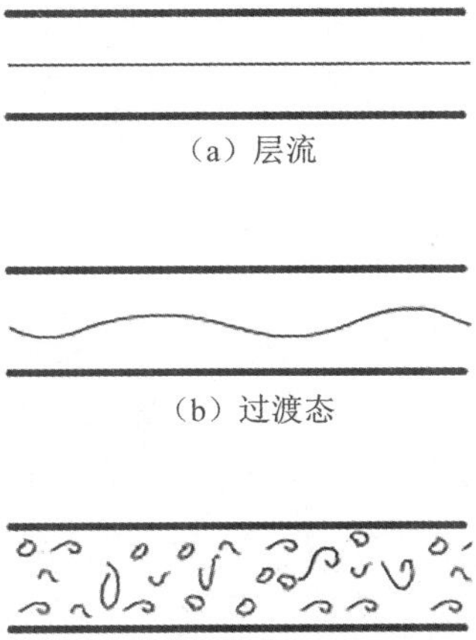


图4.2 雷诺实验不同实验现象

2. 悬浮物

用一些看得见的固体微粒或油滴混在水流中，从它们的运动情况便可推断水流的流动情况。这些悬浮物可用以下材料制作：

(1)聚乙苯烯微粒。可以用它制成直径约为0.1 mm的球形小珠，它的密度略大于1 g/cm$^3$。为了使它的密度与水一致，可以用丙酮进行处理。

(2)铝粒。先用酒精将直径为0.03~0.1 mm的铝粒浸湿，然后放入装满水的小瓶中猛烈地摇动，最后撒入水中。虽然它的密度较大，但是由于尺寸小，因而在较大黏性流体中下沉很慢。

(3)蜡(密度为0.96 g/cm$^3$)和松脂(密度为1.07 g/cm$^3$)的混合物制成的银白色小球。这两种材料以适当比例混合，可以获得密度和水基本相同的微粒，这样就可以真实地反映水的流动情况。

(4)油滴。将动、植物油，或者橄榄油和硝化苯的混合物，或者二甲苯和四碳化硫的混合物等液体用喷雾器喷入水中，然后用灯光照射，便可以观察到悬浮在水流中的亮点。如果只需观察水流中某一平面内的流动情况，那么只要通过裂缝的光线沿这一平面照过去，而其余地方保持黑暗便可以了。这是油滴悬浮物的一个独特的优点。

## 4.3.3 漂浮物法

若将一个柱体垂直放在水中，当水面不出现波浪时，水下的流动情况和水面的流动情况是一样的。这时在水面上撒些漂浮的粉末就可以观察到流动图形。这些粉末可以是铝粉、石松子粉(药品，淡黄色)、纸花或锯木屑等。试验时要求自由表面非常干净，不然表面张力的作用将使这些粉末靠拢在一起。用石蜡涂在物体表面，可以消除自由表面对物体表面的张力作用，以便更好地显示物体表面附近的流动。

例如,将一圆柱体或椭圆柱体垂直放入水槽中,在圆柱体前面徐徐撒上漂浮物,这样便可以看到水流的流动图形。在水流流速很慢时,产生两个黏附在圆柱体后面的对称漩涡。当水流流速增大至某一数值范围内,在圆柱体后面形成两列交错排列、转动方向相反、具有周期性的漩涡,称为卡门漩涡。

### 4.3.4 色线技术

色线技术即利用色线来进行流动显示的方法。色线技术是在流场的一些离散点上,把染料、烟雾或固体粒子释放到流体中去,外加材料随着流体运动,其运动或踪迹能够表示流场的流态变化情况,用适当的照明,通过照相方法能够获得流动显示照片,有时对照片上的信息进行定量分析,也能进行流场测量。本节主要介绍以水为介质的色线技术。

1. 流线、迹线和色线

在流动显示试验中,要想获得所需要的显示结果,必须对各种方法和试验条件下获得的流动显示照片进行细致的分析。在分析过程中,流线、迹线和色线三者的区别是至关重要的,因为它们代表了流场中的不同信息。

在定常流动中,流线、迹线和色线三者是合为一体的。在非定常流动中,流场中任何一点的速度都是随时间变化的,流线、迹线和色线都不重合。

流线是在流场中所有点上都和流动速度的瞬时方向相切的曲线。在空间流场中,流线可用以下关系式表示:

$$u:v:w = \mathrm{d}x:\mathrm{d}y:\mathrm{d}z \tag{4.1}$$

式中,$u$、$v$ 和 $w$ 是速度矢量的三个分量,在某一瞬间,流线不会相交。如果在流场中注入随着流体运动的粒子,再用适当的曝光时间对流场进行拍照,则照片上的每个粒子看起来就是一根短横线,经速度矢量分析就可得到流场中所选各点的速度大小和方向。做与粒子短划线相切的曲线图,就能获得流线。

迹线是某个粒子在流场中运动的轨迹。如果对流场中的一个特定的粒子运动进行长时间的曝光照相,就可以显示出粒子路径,这就是迹线。

色线是所有曾经通过流场中特定点的粒子经某个时间间隔后的空间位置的组合,也称作脉线或染色线。获得色线的方法是在流场中选定的位置上连续不断地向流场中注入染料、烟雾或固体粒子,经某个时间间隔后拍摄某一时刻的流场照片,即能获得色线。

为了更直观地说明三者之间的区别,可以用高速公路上行驶的汽车来比喻。如果对高速公路上行驶的所有汽车用有限的曝光时间拍摄照片,则所获得的照片上具有每辆汽车的速度信息,从而能推出流线;如果高速公路上仅有一辆汽车,用T门照相就能得到这辆汽车的迹线;如果高速公路上的汽车首尾相连,在高空中的飞机上向下拍照,所获得的照片不能辨别出每辆汽车,只是一条亮线,这条亮线就表示色线。因此,照片中获得的曲线种类取决于曝光时间的选择和公路上行驶的汽车数。

2. 色线在液体流动显示中的作用

在试验流场中,把有颜色的液体以一定的方式引入水中,观察色线的变化情况,便可以了解水流中的流动状态。在定常流中,色线能够用来显示流线、涡轴、涡结构,以及表征分离的所有奇点(分离线、分离点、焦点等)的壁面流动;在湍流中,尽管染料会迅速扩散,染色液依然能够在一定程度上显示流动状况;当流动变成非定常后,尽管染料形成的只是排放线,但它们仍能显示绕流尤其是尾流、射流和漩涡的瞬时流谱;对于一些比较随机的现象也能用染色线来阐明,如过渡状态下湍流斑的形成,只要从一条窄缝中排出连续的近壁染色层来覆盖整个模型或部分模型就能够观察到。

3.染色液的配制、注入和拍照

(1)染色液的配制

可用作染色液的材料应使染色线扩散慢、稳定性好、无毒。通常用墨水、高锰酸钾、食用颜料和苯胺染料等作为染色液的材料。

染色液是用食用色素溶于水中后,加入白色乳胶,充分搅拌使之溶解,再加适量的酒精、配制完成后,用注射器将染色液滴入一个透明的玻璃水杯中,观察染色液在水中的扩散情况。如果染色液在水中扩散较慢,且不产生沉降,则配制成功;如果扩散较快,则需要在染色液中加入适量的白色乳胶,反之则需加入适量的酒精。乳胶的黏性和脂性能够延缓色素溶液的扩散时间,酒精能够使染色液的密度变小,更接近水的密度,从而使染色线能够接近实际流线。用这种方法配置的染色液不易变质,能够使用很长时间,但间隔很长时间后再用时,应当把染色液用纱布过滤后再使用,避免乳胶的沉淀物堵塞染色液导管。有时为了照相更清晰,也可以在染色液中加入适量的荧光剂来增加色线的亮度。但经试验证明,不加荧光剂的染色液也能够满足流动显示的要求。

(2)染色液装置布置

将配制好的染色液装入塑料桶或瓶中,然后置放在比水洞试验段高的平台上。从塑料桶引出胶皮导管,利用势能将染色液引出,导管另一端与注射针头相连,针头再与模型的染色液导管相通。在胶皮导管上夹上一个可调节的夹子,这样可以控制染色液流出的速度,从而随时消除因染色液流出速度过高而对流场造成干扰。

(3)染色液的注入

将染色液注入流体的方法主要有两种:一是用小注射管在流场中适当位置沿流动方向将染色液注入水中,注入时应使注入速度与当地水流速度基本相等,以避免由于射流不稳定性引起染色线脉动;二是从刚性试验模型表面上的小孔释放染色液,此时应当保证染色液没有垂直于模型表面的速度分量,否则,注入的染色液将会干扰绕模型的主流,特别要避免注入带质量和动量的染色液,这种染色液会改变物体壁面边界层的特征。沿物体表面的不同位置,释放不同颜色的染色液,可以得到物体下游三维流动的图像。为了使染色液注入的速度保持恒定,装染色液的容器应有足够的容积;为了保证染色液顺畅地流出,应将容器放置在比试验段高的地方,利用势能转变为动能的原理使染色液流出。

另外,也可以事先在模型表面涂上凝缩乳剂和浓厚的颜料,试验时使其慢慢地在水中溶解,来观察尾流和分离涡。例如,可用墨汁加适量生粉混合均匀后涂在模型表面上,然后将模型迅速放入定常水流中(层流流动),数秒钟后即可观察到在一定迎角下从模型表面上某处分离出的涡面,也可观察尾涡形成的过程(可观察10~20 s)。这种方法价格低廉,应用方便且易于实现。图4.3是椭球模型表面涂颜料后放入水流中所获得的流动显示图片。

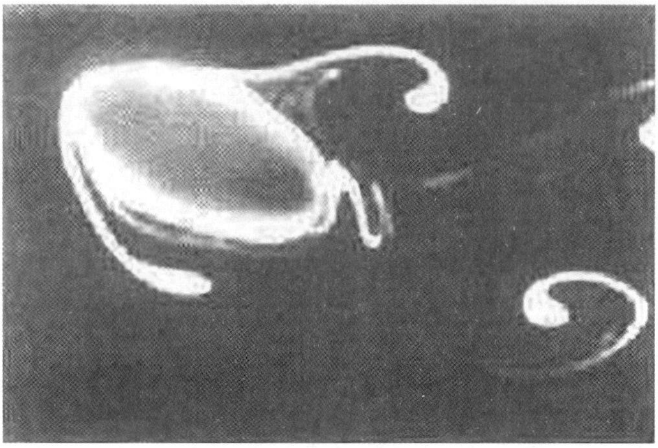

**图 4.3　椭球模型表面涂颜料后放入水中所获得的流动显示图片**

(4)光源布置

光源的布置在染色液流动显示中十分重要,光源的色度和亮度直接影响照片质量。光源布置的原则是尽量使试验段流场充分照亮,尤其是使要显示的部位清晰可见,但同时要注意消除模型的阴影。为了避免模型的阴影,一般采用2~3支照明光源。照相时还要避免试验段壁面产生的反射光,这样获得的流动显示照片才能清晰干净。

(5)照相机布置和器材的选用

照相机应带有变焦镜头。将相机固定在三脚架上,调整相机的角度和视场范围,保证需要显示的流动图像能够完全在视场范围内。另外,为了能够将流动周期内的各种现象都拍摄下来,可以选用连续曝光方式照相。使用胶卷相机照相的缺点是不能立刻看到照相结果,有时会发现所拍摄的照片不能反映典型的流动形态,需要重新补照。因此,最好选用数码相机。用数码相机拍摄的照片的灰度与分辨率完全能够满足流动显示的要求。

(6)照相中应当注意的问题

在进行流动显示时不要急于拍照片,首先要仔细观察染色液的流动情况。有时,在适当的流速下,可以明显观察到尾流流动的周期性。尤其是圆柱后卡门涡街、双曲型冷却塔群绕流、二元后台阶流动等典型流动图像出现稳定后,要不断观察流动过程发展的规律。这样拍摄得到的图片能够做到有的放矢,同时这个过程也是分析流动结构的重要步骤,千万不能轻视。另外,要注意使模型、背景和染色液颜色对比明显,可以多准备几种颜色的背景布,选择以不反光为主(白色、黑色是必备的);多准备几种颜色的喷漆,必要时可以改变模型的颜色,总之要尽量找到它们之间色彩的最佳组合。

4. 几个典型的染色液显示结果

本节选用的照片是中国空气动力研究与发展中心近年来进行染色液流动显示试验所获得的照片。图4.4至图4.6是在中国空气动力研究与发展中心0.4 m×0.4 m直流式水洞中,流速为8 cm/s时,采用21DIN柯达彩色胶卷,2 kW聚光灯照明,光圈为5.6,曝光时间为1/60 s拍摄的流功显示图片。从这些图片中明显地看出流动的真实性和复杂性,为空气动力学研究提供了依据。

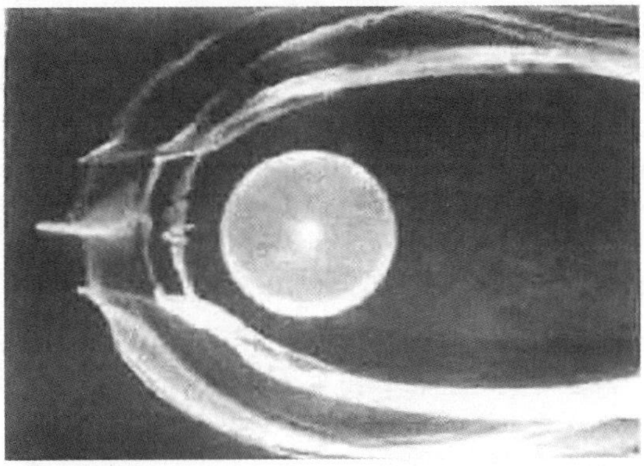

图 4.4　平板附面层内绕圆柱流动

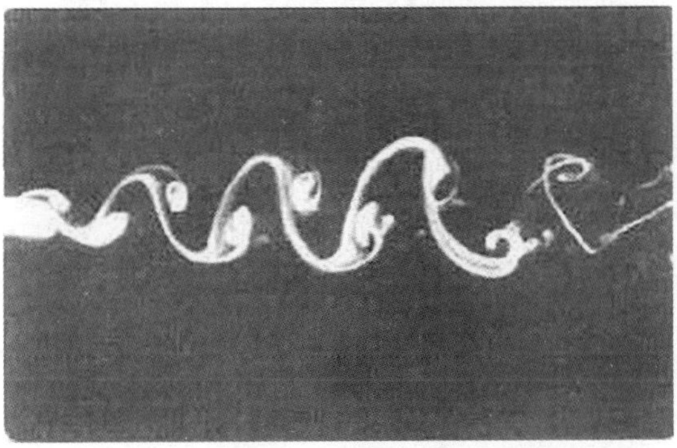

图 4.5　卡门涡街

图 4.6　“协和”飞机模型翼表面流谱

## 4.3.5　氢气泡技术

氢气泡技术是在水槽或水洞中利用细小的气泡作为示踪粒子来显示和观察水中试验模型的绕流图像的一种试验技术。这种技术早在 20 世纪 50 年代就已经提出，经过多年的发展，现在氢气泡技术不但能够进行流动显示试验，而且能够应用于流场的定量测量。

使用气泡作为示踪粒子，需满足以下几个条件：

(1)气泡应具有较小的水溶性，否则，产生的气泡来不及随流场运动即迅速溶于水中，无法进行持续观测。基于以上原因，试验选择了阴极产生的氢气泡(极不易溶于水)而非阳极产生的氧气泡。

(2)要有足够多的数量，以形成类似空气中的烟迹一样的较明显的显示区域。两电极同一时段产生的氢气泡数量是氧气泡的两倍，这是选择氢气泡的另一个原因。同时，适量调节两极的电压值，也是控制气泡数量的有效方法。

(3)气泡应当有较好的跟随性。由于浮力作用，气泡随流体一起运动的同时会上升。试验中，气泡的上升速率应尽可能低。如果产生的气泡尺寸很小，则与其上升运动有关的 *Re* 数就很低，因此在任何情况下，都希望产生的气泡尽可能小。根据经验观测，气泡的尺寸和阴极丝的直径有同样的数量级。

因此,作为试验中发泡用的金属丝,直径大都在 0.01 ~0.02 mm,可以用铂丝、钨丝、铜丝或者不锈钢丝。实践证明,铂金丝产生的氢气泡密集均匀,跟随性好,性能稳定,因此通常选用铂金丝作为阴极。较小的金属丝直径也保证了其对流场的扰动被控制在极小的范围内。而阳极为任意形状,被放在流体中远离试验观测区域的另一位置。

普通的自来水就可以做电解液,如果水质太软,可以加入硫酸钠以增加导电率。另一方面,氢气泡是透明无色的,不能在自然光下直接观察到。因此,试验中需要遮蔽环境光,然后使用人工光源只照亮流场中的试验区域,通过氢气泡表面的反射使之显现出来。照明一般采用片光源,某些研究人员发现,照明和观察的方向成 65°时最合适,可能与氢气泡的散射性有关。

1. 氢气泡技术的基本原理

产生氢气泡的简单方法是在水槽或水洞中放入合适的电极直接电解水,在阴极产生氢气泡,阳极产生氧气泡。如果在金属丝上等间隔地涂上绝缘材料,通电以后可以形成一排排的气泡,由此可显示绕模型的流动。氢气泡产生装置如图 4.7 所示。

**图 4.7　氢气泡产生装置**

如果使金属丝垂直于流动方向,输入恒定频率的短脉冲或者方波信号,金属丝上会以相等的时间间隔生成氢气泡,气泡随水流下移,形成一系列条纹。此条纹即可以作为度量流动速度的时间线。若金属丝竖直插入水中,则时间线直接度量了当地垂直速度剖面;若金属丝水平放置于水中,则时间线显示出水流速度在横向的变化,如图 4.8 所示。由于脉冲电源的频率是已知的,因此相邻时间线之间的时长也是已知的。如果事先知道流场中的参考尺寸(比如模型尺寸),就可以依据时间线间间距的大小定量获取观测平面各处的速度场分布。

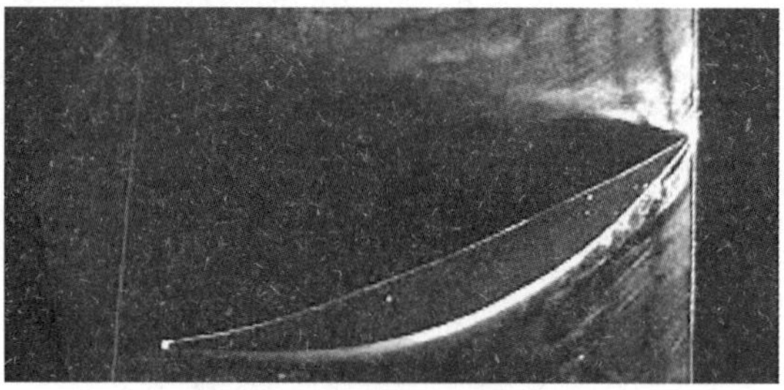

**图 4.8　采用脉冲信号在流场中产生的时间线**

利用氢气泡流动显示技术不仅能获得绕流流谱，而且能做流场的定量测量，主要用于测量流场的速度，其测速方法有时间－脉线组合法、迹线测速法、脉线测速法和网络图像测速法等。

2. 氢气泡技术的应用实例

图4.9至图4.11是中国空气动力研究与发展中心近年来获得的比较典型的氢气泡流动显示照片。试验是在0.4 m×0.4 m水洞中进行的，流速约为15 cm/s。

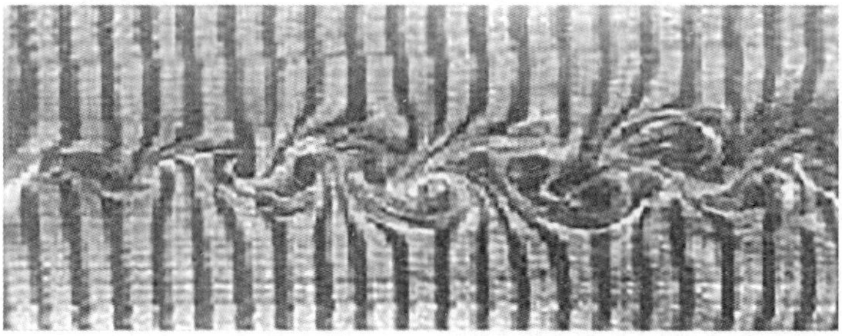

**图4.9　卡门涡街**

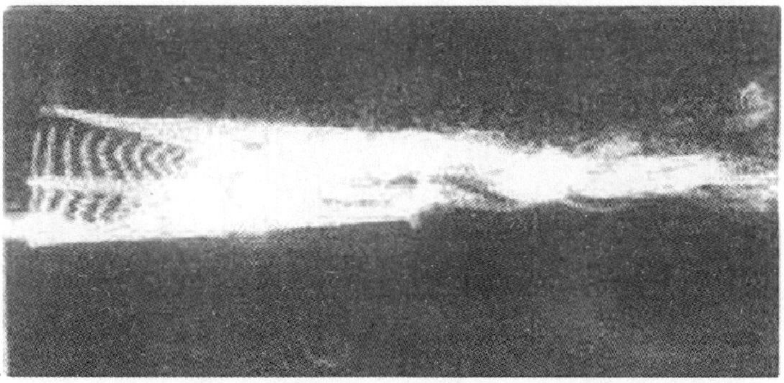

**图4.10　某飞机模型上翘尾段的腹部流动显示**

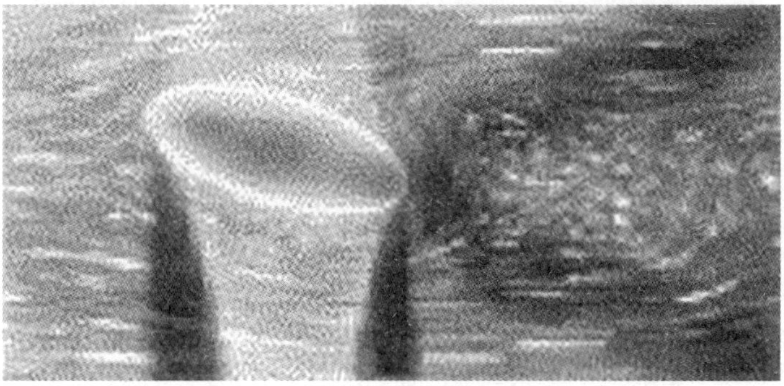

**图4.11　绕椭球的流动显示**

## 4.3.6　烟线流动显示技术

烟线技术是一种历史悠久的显示方法，最早可以追溯到1893年。经过一个多世纪的发展，这项技术已经成熟，尤其是近代发展起来的烟线法不但能显示定常的绕流图像，而且能应用于非定常流动的定性、定量显示与分析，显示流场速度范围涵盖了亚声速、跨声速、超声速，是流动显示方法中十分重要的一种。

1. 烟线流动显示方法的基本原理

烟线法基本原理是在细的金属丝上涂以甘油、液状石蜡等发烟液体，通电流让其受热释放烟雾颗粒，随气流形成可见的烟雾显示流动图谱。发烟电阻丝通常选取不锈钢丝、钨丝或镍铬丝，丝的直径由流速决定。另外，为了减小丝线对流动的扰动，丝线直径的雷诺数应低于 20。通常试验中，丝线的最优直径大约为 0.1 mm。选择发烟白、浓密、无毒、无腐蚀性、黏度较大的油(如甘油)，在电阻丝上会结成许多小的油珠。电源采用连续或脉冲式。发烟控制装置控制发烟时刻、时间及烟浓度。采用白光灯照亮试验模型，利用高速相机进行拍摄或者肉眼观测。这一方法在定常流动中可以显示流线、脉线、迹线、时间线，并且可以精确控制，试验结果可以进行数字化处理，可得到瞬时与平均速度场、脉动速度场等统计量，适合在风洞试验中使用。图 4.12 为烟线控制系统示意图。

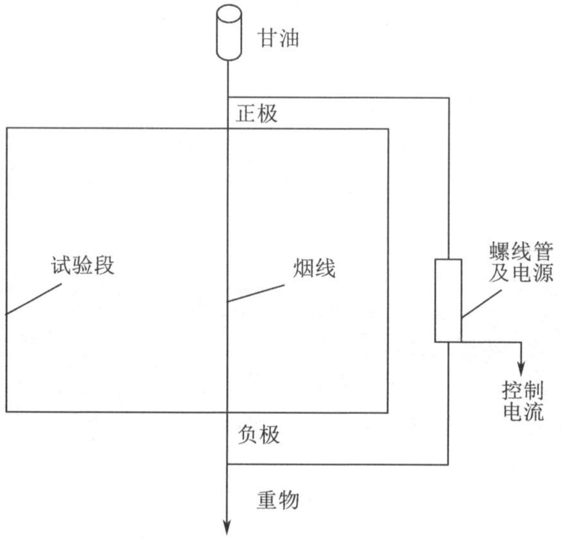


**图 4.12　烟线控制系统示意图**

2. 烟线技术的应用实例

烟线显示技术已广泛应用于边界层结构、分离流动和漩涡流动的机理研究中。通过烟线和片光技术结合，可以得到清晰的流动显示照片，为流动显示试验提供分析依据。

图 4.13 给出了表面粗糙球(左)与光滑球(右)的烟线显示，在相同的流速下，气流经过表面粗糙球(如高尔夫球)时，其分离点晚于光滑球的分离点。飞行的球表面附近出现边界层分离是由流体的黏性引起的。光滑球表面的边界层分离较早，球的迎风面与背风面形成的压差阻力较大。表面布满多边形小坑的高尔夫球飞行时，小坑附近形成一些很小的漩涡，漩涡中心流体的压力小，具有吸力的作用，高尔夫球表面的边界层分离点的位置相对于光滑球延迟，进而压差阻力减小。在高尔夫球后面所形成的漩涡区比光滑球所形成的漩涡区小很多，从而使得前后压差阻力大为减小。因此，高尔夫球表面布满多边形小坑在其飞行时起到减阻效果。

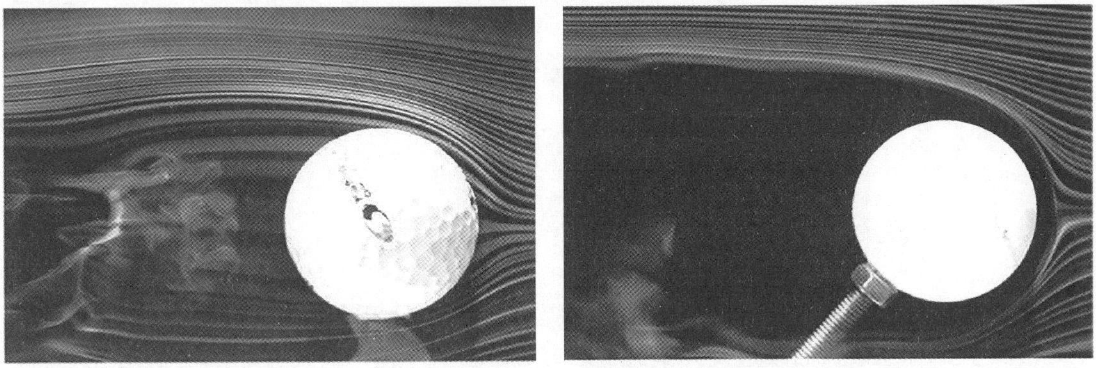

**图 4.13　表面粗糙球(左)与光滑球(右)的烟线显示**

图 4.14 和图 4.15 显示了三角翼上脱体涡破碎的过程,图 4.16 给出了 A380 飞机模型不同攻角下的烟线显示。

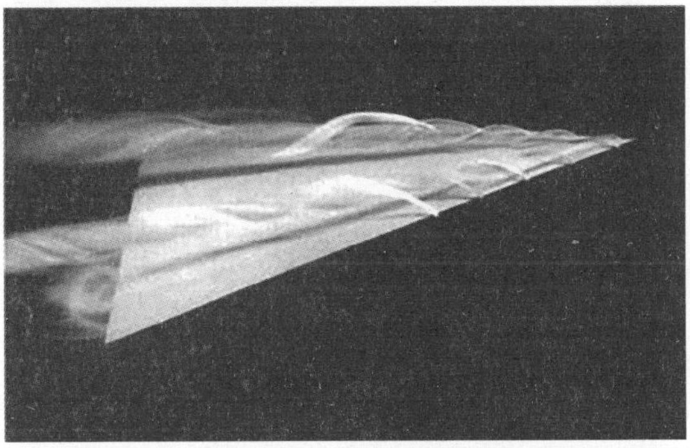

**图 4.14　三角翼上脱体涡的烟线显示**

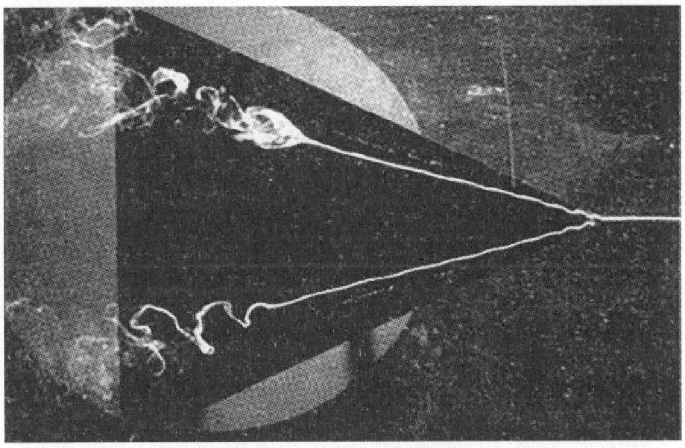

**图 4.15　三角翼上脱体涡破碎的烟线显示**

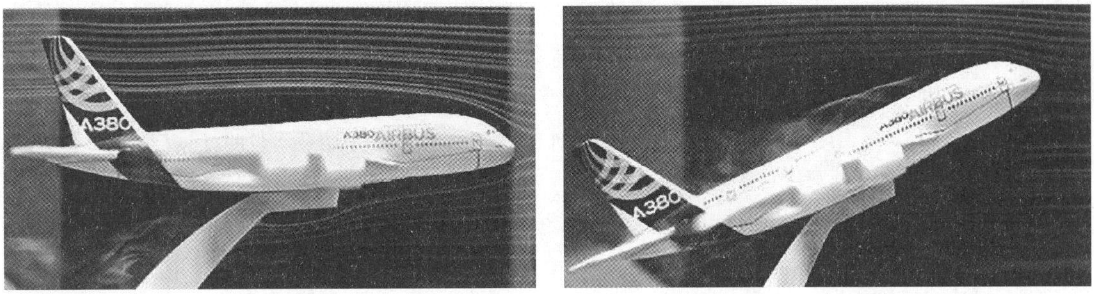


(a)小攻角　　(b)大攻角

**图 4.16　A380 飞机模型不同攻角下的烟线显示**

上述试验表明,烟线显示技术能对流体黏性引起的流动分离及分离后的流场演化过程提供直观的认识和分析的依据。

# 4.4 近代流动显示技术

## 4.4.1 概述

随着现代科技发展要求,设计部门为了提高新一代船舶的稳定性和机动性,往往对船舶外形做了针对性很强的改进设计措施,以增大推力、降低阻力、改善船舶的稳定性等。在水池中的各种船舶针对性试验,其流场就是多涡系干扰的复杂流场。同时,为了在高速船舶设计阶段就要精确地估算船舶的动态特性,需要在水池中做各种阻力、快速性等试验。试验中必然伴随着非定常流动特性,因此,精确地测量和显示非定常局部复杂流场就显得尤为重要。在现代高速、特种船舶的发展中,其流场更加复杂。除了边界层及其转换、分离、涡流及涡流干扰与破碎,还有激波及其边界层干扰。超高速时,还要测量流体的组分浓度、密度分布、速度场等。通常这种流场既是三维的,又是非定常的,对这种复杂流动的理解和分析,传统的流动显示测量技术已远远满足不了上述要求,迫切需要发展新的流动显示和测量技术去揭示、分析和控制其复杂流动,并发现新的流动现象,以解决工程实际中遇到的种种困难。

近年来,随着近代光学、激光技术、计算机技术、电子技术、图像处理等技术的迅速发展,对复杂流的测量方法和技术有了很大的进展,测量范围也扩大到高速。尤其计算机的发展为流动显示和测量提供了大容量、快速省时、方便的途径,例如五孔探针、七孔探针的应用。离开了计算机做数据处理是难以想象的,通过改进,现在测量时间也已从几个小时降到几分钟。由于光学测量对流场非接触无干扰,已经从单点的 LDV 发展到多点的 PIV,从二维推进到三维测量,从粒子示踪发展到分子示踪测速(MDV)。此外,二极管激光器、高速的数字频率处理器、大功率激光束的传输(光臂)发展,使激光测速技术获得了很大的发展。PIV、激光散斑测速(LSV)、激光诱导多普勒综合测速(DGV)技术,激光片光诱导荧光测量密度、温度、速度(PLIF)技术,光学层析(CT)技术,滤波瑞利散射(FRS),激光干涉测表面摩擦力仪(LISF),相干反斯托克斯喇曼散射(CARS)技术,快速响应压力敏感漆测量技术(PSP)和快速响应温度敏感漆测量技术(TSP),这些新技术和方法的形成与发展,极大地满足了现代工程需要,当然这其中也包括船舶工程。

新一代流动显示技术具有如下特点:

(1)以瞬时、空间全场多点、定量化和三维流动显示与测量为发展目标的综合性测量技术手段;

(2)以 CCD、高速高分辨率的数据采集和数字图像处理现代计算机和电子技术等为特征,作为记录、存储、处理、再现流动特性的自动化处理技术手段;

(3)通常把新材料、新工艺结合到传统的流动显示与测量技术中;

(4)流动显示输出结果不仅信息量很大,而且直观,能在一张图片上得到流动图像和处理数据。

本节重点阐述近二十年以来发展的具有代表性的流动显示技术,包括了定量化流动显示技术中最引人注目的 PIV、LDV 和 HWA 等。目前,PIV 已达到实用化,其应用范围已从低速扩大到了高超。1992 年 NASA 兰利研究中心已将其成功地用于 $Ma=6$ 的一个楔模型上的流动测量。

### 4.4.2　激光多普勒测速技术

激光多普勒测速技术，自从 20 世纪 60 年代问世以来，因其属于非接触测量，并具有测速精度高、空间分辨率高、测速范围大、动态响应快、良好的方向灵敏度等优点，从而得到了飞速的发展。近年来，这一技术又有新的发展，在仪器光路、电路及信号处理方面都有新的进步。现今，这一技术不仅在流体力学领域得到了广泛的应用，而且还延伸到测量固体运动速度、运动物体的瞬态速度变化、振动及长度等许多科技和工业领域。表 4.1 列举了国外激光多普勒测速设备的性能。图 4.17 是 Dantec Dynamics 公司的激光多普勒测速仪系统。图 4.18 是 FP50He – Ne 激光多普勒测速仪，主要应用于无回流管道或渠道内的液体和空气速度的测量。

**表 4.1　国外激光多普勒测速设备的性能**

| 国别和型号 | 测速范围 | 精度 | 电频率范围 |
|---|---|---|---|
| TSI1090(美) | 1 mm/s ~ 500 m/s | — | 2 kHz ~ 50 MHz |
| TSI91007(美) | 三个速度分量 | — | 1 kHz ~ 200 MHz |
| CPS(英) | 100 μm/s ~ 100 m/s | ±0.5% | 100 Hz ~ 10 MHz |
| DISA55L – I 型(丹麦) | 3 mm/s ~ 300 m/s | 1% | 2.25 kHz ~ 15 MHz |
| DISA55 – Ⅱ型(丹麦) | 3 mm/s ~ 300 m/s | 1% | 2.25 kHz ~ 15 MHz |
| DISA55L – 90(丹麦) | 2 mm/s ~ 2 000 m/s | 1% ~ 2.5% | 2 kHz ~ 100 MHz |
| BBCGOeszLSEO1(奥地利) | 5.5 mm/s ~ 333.7 mm/s | 0.1% | 5 kHz ~ 16 MHz |

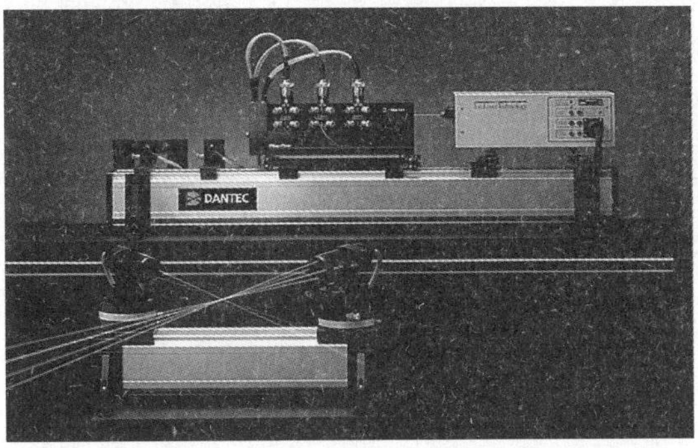

**图 4.17　Dantec Dynamics 公司的激光多普勒测速仪系统**

**图 4.18 FP50He - Ne 激光多普勒测速仪**

1. 激光多普勒测速技术的基本原理

激光多普勒测速技术是测量通过激光探头的示踪粒子的多普勒信号,再根据速度与多普勒频率的线性关系得到速度的一种技术,它的理论基础是多普勒效应。该理论是奥地利物理学家及数学家克里斯琴·约翰·多普勒于 1842 年首先提出的,为了纪念他,该理论命名为多普勒效应。他在生活中发现,当人与行驶的列车靠近时,人听到的列车音调变高;而当列车逐渐远离时,人听到的列车音调逐渐变低。即当声源和接收器之间发生相对运动时,接收器收到的声音频率不会等于声源发出的原频率,而是存在一个差值,这一频率差称为多普勒频移。

1905 年,爱因斯坦在狭义相对论中指出,光波也具有类似的多普勒效应。因此,只要物体产生散射光,就可利用多普勒效应测量其运动速度。光学多普勒效应:当光源与光接收器之间发生相对运动时,发射光波与接收光波之间会产生频率偏移,其大小与光源和光接收器之间的相对速度有关。这就是激光多普勒测速的理论依据。

多普勒效应:物体辐射的波长因为波源和观测者的相对运动而产生变化。当观测者在运动的波源前面,波被压缩,波长变得较短,频率变得较高;当观测者在运动的波源后面时,会产生相反的效应,波长变得较长,频率变得较低。波源的速度越高,所产生的效应越大。根据这一特点,就可以计算出波源向观测方向运动的速度。

激光多普勒测速技术是利用激光多普勒效应进行流速测量的。当激光照射到跟随流体一起运动的微粒子上时,微粒的散射光频率将偏离入射光频率,这种现象叫作激光多普勒效应。其中散射光与入射光之间的频率偏移量称作多普勒频移,多普勒频移与微粒的运动速度(即流体的流速)成正比。因此,通过测激光的多普勒频移就可以测得流体的速度。

对于流场测速而言,当流场中散射粒子的直径与入射光的波长为同一量级,且散射粒子的质量与周围流场粒子质量相近时,散射粒子的运动速度基本上代表流场的局部流速。因此,可以通过测量粒子运动特性来获得流场运动特性。

光源在与光电探测器和示踪粒子发生相对运动的过程中,总共发生了两次频移:示踪粒子接收光发生了一次频移,光电探测器接收示踪粒子的散射光又发生了一次频移,这个过程可以形成激光多普勒信号模型。两个相干光源发出的光波发生干涉现象,并且相交形成一个椭球形的区域,如图 4.19 所示。

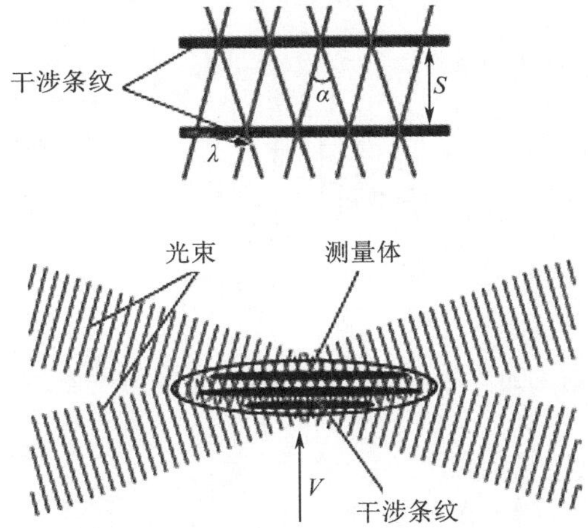


**图4.19　双光束相交处的干涉条纹**

该椭球形的区域分布有明暗相间的干涉条纹，这些条纹是平行分布的，并且粒子在明条纹里散射的光的强度和在暗条纹里散射的光的强度不一样。当示踪粒子穿越这些条纹的时候，明暗条纹会发生变化，光探测器探测到的光电信号也会发生规律性的变化。粒子在穿越这些条纹的时候，切割条纹的频率对光信号进行了调制。

干涉条纹之间的距离为

$$s = \frac{\lambda}{2\sin(\alpha/2)} \tag{4.1}$$

式中　$s$——干涉条纹之间的距离，即条纹的波长；

$\lambda$——光束的波长；

$\alpha$——两光束之间的夹角。

光检测器接收到的频率为

$$f = \frac{v}{s} = \frac{2v\sin(\alpha/2)}{\lambda} \tag{4.2}$$

式中　$f$——散射条纹频率；

$v$——粒子穿过干涉条纹的速度。

根据式(4.2)，即可由测量结果计算流体速度。

检测多普勒频移有两种基本方法：直接检测和外差检测。前者是通过直接测量散射光频率来求取多普勒频移，因受测量仪器频响特性的限制，只能用于有限的场合，因此目前一般不采用直接检测。目前常用的是外差检测法。外差检测法是通过检测两束光波之间的频率差，经转换后得到多普勒频移。

外差检测法的基本光路系统有三种，即参考光束系统、单光束系统和双光束系统。其中，双光束系统比另外两种系统有着明显的优势，那就是多普勒频移与光电检测接收方向无关，因此双光束系统是目前应用最为广泛的一种检测系统。图4.20展示了一种前向散射模式下的双光束LDV系统。

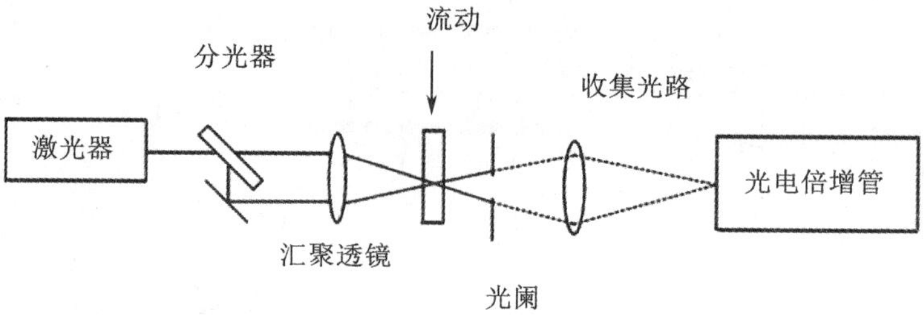


**图 4.20　前向散射模式下的双光束 LDV 系统**

2. 激光多普勒测速系统的组成

激光多普勒测速系统大体上由光路部分和电路部分组成，更具体的可以分为激光器，入射光学单元，光信号收集与检测系统，频率信号、数据处理系统。

激光器具有功率大、方向性强、亮度高、相干性及单色性好的优点，是激光多普勒测速的理想光源。目前常用的激光器有氦氖激光器和氩离子激光器。其中，氦氖激光器的光束是毫米级的，光束很窄且高度准直，方向性很好。同时，因为它能将所有能量集中在一个较窄的光束内，因此能够输出高能量且光束窄的激光。

3. 多普勒信号的处理方法

多普勒信号是一种调幅的信号，它的幅度随时间发生变化，因为粒子大小和表面分布不均匀，所以它的信号是不连续的，因此要进行一定的处理。多普勒信号的处理方法包括频谱解析法、频率跟踪法、记数式信号处理和快速傅里叶变换法。不同的信号处理方法在获得瞬时速度、间断信号、精度、可测得的最大频率，以及从噪声中提取信号的能力也不同，具体可根据试验需求进行选择。

4. 散射粒子

多普勒测速仪以流体中的颗粒作为媒介，利用运动颗粒散射光的多普勒频移来获得颗粒速度信息。大多数颗粒如空气中的尘埃、水中的杂质等，它们的尺寸和浓度都可以满足多普勒测速的要求，而且都可以随流体较好地流动，因此，足以作为散射粒子。但在不少情况下，由于被测流体中自然存在的微粒大小或者其浓度不能满足测量的需要，或者测量光路的布置形式受到限制而需要增加被测流体的散射强度时，就有必要人为地添加散射颗粒。散射微粒应该具有以下三个基本特性：能够很好地跟随流体运动；具有较高的散射效率；具有良好的物理化学性质。

散射微粒直径的选择和浓度都会对测量结果有所影响，并且根据被测流体的特性，选择添加的散射微粒也有所差别。一般在水中可添加滑石粉、聚苯乙烯或者脱脂牛奶。

5. 激光多普勒测速技术的优缺点

激光多普勒测速技术与其他测速技术相比较有以下优点：

（1）激光多普勒测速技术为非接触式测量，流体或者待测物体的运动状态不会受到其影响，只需要把激光发射的光源汇聚到流体或者待测物体的指定位置上就可以了。它的优势体现在目标远距离的动态实时检测中，并且能在相对恶劣的环境下测量，比如高温、高腐蚀、高湿度等。

（2）激光多普勒测速的信号相当于光速传播，接触速度极快，能够与信号处理器和光电接收管连接使用，是进行实时监测的最好办法；动态响应快，可进行瞬时测量，是研究紊流，测量瞬时速度的新方法。

(3)由于激光器发射的光束可以聚焦成很小的光斑，所以识别流体空间分辨率极高，可以测量体积很小的流体速度。

(4)激光多普勒测速仪现在已经有一维、二维和三维，通过其良好的灵敏方向性，可以比较方便地测量速度的分量，实现了多维度测量。

(5)量程大。待测物体的运动速度和多普勒频移量存在线性关系，是高度精密的物理公式。现在能够在毫米/秒至千米/秒的速度范围内进行测量。

(6)精度高该仪器的基本原理是一个精确的物理表达式，基本上与流体的其他特性无关，因此测量精度非常高，可达0.025%。

(7)空间分辨率高，适用于边界层、薄层流体及狭通道流体的测量。

但同时激光测速技术也有一定的局限性，表现在：

(1)被测流体要有一定的透光度，管道要有透明窗口。

(2)测纯净的水或空气时，须人工掺入适当的粒子作为散射中心，并对粒子尺寸有一定的要求。

(3)流速很高时，要求提高激光输出率，另外由于信号频率高而使信号处理困难。

(4)价格较高，且有一定的防震要求。

6. 激光多普勒测速技术的应用

对于流体力学的试验研究而言，激光多普勒测速仪的最大优势就在于它的非接触测量，因为这极大提高了流速测量的准确性，而流速是流场运动最基本的特性之一。在自然界和工程技术实践中遇到的流动问题，大多数是带有分离的湍流运动。当流动出现分离时，会形成回流，形成复杂的漩涡结构，流场湍流度高，流动压力损失大。在这些流动区域内，除了激光测速仪外，其他测速技术很难正确地测出速度。造船行业中，试验流体力学的研究占有很重要的地位。船首、船尾及船体附近的流动状态，螺旋桨前面的复杂流动都可以借助激光多普勒测速进行详细、全面的观察(图4.21)，激光多普勒测速为高水平的理论研究提供可靠的试验依据。

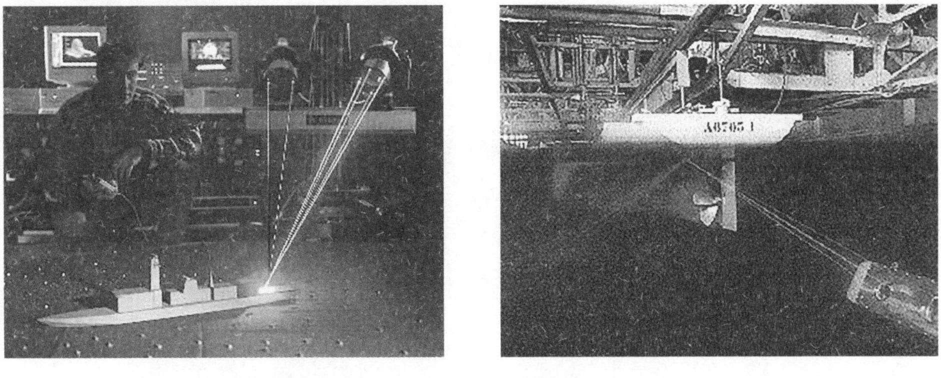

**图4.21　某船模试验中LDV的应用**

## 4.4.3　热线风速仪

热线风速仪是将流速信号转变为电信号的一种测速仪器，也可测量流体温度或密度。

热线技术从早期的恒流式电桥，发展到现在的恒温式，已有几十年的历史，功能逐渐完善，应用日益广泛。激光测速仪是近 20 年迅速发展起来的一种测速技术，由于它是无接触测量，从一开始就受到人们的重视。但因其价格昂贵，维持费用也相当可观，所以在湍流研究上的应用范围仍不如热线风速仪广泛。今后相当长一段时间内，热线风速仪仍将是湍流测量的主要手段。

热线风速仪的主要用途有以下几点：

①测量平均流动的速度和方向；

②测量来流的脉动速度及其频谱；

③测量湍流中的雷诺应力及两点的速度相关性、时间相关性；

④测量壁面切应力（通常是采用与壁面平齐放置的热膜探头来进行的，原理与热线测速相似）；

⑤测量流体温度（事先测出探头电阻随流体温度的变化曲线，然后根据测得的探头电阻就可确定温度）。

除此以外还开发出许多专业用途。

热线长度一般为 0.5 ~ 2 mm，直径为 1 ~ 10 μm，材料为铂、钨或铂铑合金等。若以一片很薄（厚度小于 0.1 μm）的金属膜代替金属丝，即为热膜风速仪，功能与热线风速仪相似，但多用于测量液体流速。热线风速仪除普通的单线式外，还可以是组合的双线式或三线式，用以测量各个方向的速度分量。从热线输出的电信号，经放大、补偿和数字化后输入计算机，可提高测量精度，自动完成数据后处理过程，扩大测速功能，如同时完成瞬时值和时均值、合速度和分速度、湍流度和其他湍流参数的测量。热线风速仪与皮托管式风速仪相比，具有探头体积小，对流场干扰小；响应快，能测量非定常流速；能测量很低速（如低达 0.3 m/s）等优点。

1. 热线风速仪工作原理

热线风速仪测速的原理是：通过一个电加热元件接触流体，感知热传导的变化情况。恒温式热线风速仪（图 4.22）的敏感元件是铂电阻，当流体流过铂电阻时，会带走热量，使铂电阻温度降低。同时电路进行电流调整，使电阻保持一定的温度，使得流体流速变化和风速仪的电压的变化产生一定的函数关系。热线风速仪就是利用这一原理对流场速度进行测量的。

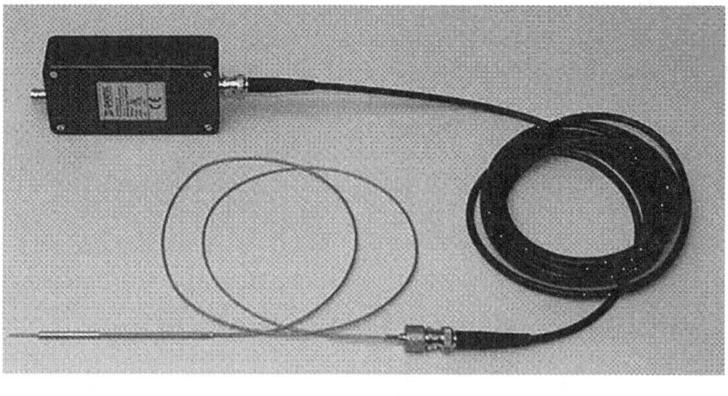

**图 4.22　微型恒温热线风速仪**

热线探头将流场内某一被测参量，如速度、温度等，变换成电信号，然后送入电模拟仪器进行测量。近年来,多是通过 A/D 变换器,把模拟电信号变换成数字信号,再在微型电子计算机上加工这些信号。

对热线探头结构上的要求是热丝体积应足够小,以便有较高的空间分辨率;探针长度一般为 0.5 ~ 2 mm,直径为 1 ~ 5 μm,方能保证热丝的热惯性足够小;此外,探头支架及其辅助机构既要小巧,又要强度高;热线材料多为铂、钨或含 5% ~ 10% 铑的铂铑合金;热线本身还要有高电阻率和高电阻温度系数;在高温下材料的化学性质也要求比较稳定,才能满足使用要求;热丝也应易于焊接,以便损坏时,在实验室内可以自己修复。

热膜是 20 世纪 60 年代后发展起来的一种探头,主要优点是可以测量导电的流体介质。它由金属膜、衬底和连接支架等组成。金属膜是用铂或镍喷镀的,厚为微米量级,具体厚度由试验所需的电阻大小确定。衬底是石英、硼硅酸玻璃或陶瓷等耐热材料。为了测量导电液体介质,在膜上再喷镀一层 2 ~ 5 μm 的石英层。

2. 工作模式

热线风速仪有恒流式和恒温式两种工作模式。

(1)恒流式

恒流式亦称定电流法,即加热金属丝的电流保持不变,气体带走一部分热量后金属丝的温度就降低,流速越大温度降低得就越多;温度变化时,热线电阻改变,两端电压变化,因而测得金属丝的温度就可得知流速的大小。

(2)恒温式

恒温式亦称定电阻法(即定温度法),改变加热的电流使气体带走的热量得以补充,而使金属丝的温度保持不变(也称金属丝的电阻值不变),如保持 150 ℃,这时流速越大则所需加热的电流也越大,根据所需施加的电流(加热电流值)则可得知流速的大小。恒温式比恒流式应用更广泛。

3. 风速仪选型

风速(流速)测试有平均风速的测试和紊流成分(风的乱流 1 ~ 150 kHz)的测试。热线风速计是测试平均风速的。测试平均风速的方法有热式(热线)、超声波式、叶轮式及皮拖管式等。在这些方式中,热线风速仪是利用热耗散的原理。下面,对这些风速的测定方法做一下说明。

(1)热线风速仪

该方式是测试处于通电状态下的传感器因风而冷却时产生的电阻变化,由此测试风速,但不能得出风向的信息。其除容易携带外,成本性能比高,作为风速计的标准产品做广泛地采用。热线风速仪的探头有使用白金线、电热偶、半导体的。白金线的材质在物质上最稳定。因此,长期安定性以及在温度补偿方面都具有优势。

适用范围:0.05 ~ 50 m/s;显示分辨率:0.01 m/s;占有率:80%。

(2)超声波式风速仪

该方式是测试传送一定距离的超声波时间,因风的影响而使到达时间延迟,由此测试风速。传感器部较大,在测试部周围可能发生紊流,使流动不规则。其用途受到限定,普及度低。

适用范围:0 ~ 10 m/s;显示分辨率:0.01 m/s;占有率:10%。

(3)叶轮式风速仪

该方式是应用风车的原理,通过测试叶轮的转数测试风速,用于气象观测等。它的原理比较简单,价格便宜,但测试精度较低,所以不适合微风速的测试和细小风速变化的测试;普及度低。

适用范围:1~50 m/s;显示分辨率:0.1 m/s;市场占有率:10%。

(4)皮托管式风速仪

该方式在流动面的正面有与之形成直角方向的小孔,内部藏有从各自孔里分别提取压力的细管。通过测试其压力差(前者为全压、后者为静压)就可知道风速。它的原理比较简单,价格便宜,但与流动面必须设置成直角,否则不能进行正确的测试;不适合一般用;不是作为风速计,而是作为高速域的风速校正来使用。

适用范围:5~100 m/s;显示分辨率:0.01 m/s;占有率:很少。

### 4.4.4 粒子图像测速技术

粒子图像测速如图4.23所示,是一种用多次摄像以记录流场中粒子的位置,并分析摄得的图像,从而测出流动速度的方法。其基本原理是在流场中布撒示踪粒子,并用脉冲激光片光源入射到所测流场区域中,通过连续两次或多次曝光,粒子的图像被记录在底片上或CCD相机上。采用光学杨氏条纹法、自相关法或互相关法,逐点处理PIV底片或CCD记录的图像,获得流场速度分布。因采用的记录设备不同,又分别称为FPIV(用胶片做记录)和数字式图像测速(用CCD相机做记录)。

湍流、复杂流动、非定常流动等现象一直是流体力学中重要的研究对象及疑难问题,因此开发适于流体运动研究的方法与技术也始终是一个重要的课题。早期发明的热线热膜流速计(HWFA)至今已有80多年的历史,曾经为流动测量特别是湍流的研究立下过汗马功劳。这项技术的最大缺点是接触式测量,对流场有较大的干扰。激光多普勒测速仪和热线流速仪一样,都只是单点测量技术,难以实现对流场的全场、瞬态测量。20世纪70年代发展起来的粒子图像测速技术则是在流动显示的基础上,充分吸收现代计算机技术,光学技术以及图像分析技术的研究成果而成长起来的最新流动测试手段。它不仅能显示流场流动的物理形态,而且能够提供瞬时全场流动的定量信息,使流动可视化研究有了从定性到定量的飞跃。

**图4.23　三维水下PIV设备图**

粒子图像测速突破了传统单点测量的限制,可同时无接触测量流场中一个截面上的二维速度分布,且具有较高的测量精度。粒子图像测速仪已变成一种被人们广泛接受的、用于测量流场中瞬时速度的非接触式测量工具。近年来,在数据处理和图像采集算法上的技术进展大大地促进了 PIV 的发展,使数字和全息采集系统变得日益普遍。PIV 技术在实际工程应用中也变得越来越成熟,应用范围已从低速流动扩展到高雷诺数的高超声速流场。它是多种流场中瞬时速度信息采集的强有力的测量手段。

PIV 技术能在很短的时间内得到空间分辨率较高的瞬态流动的速度场,进而了解流动速度场中的空间尺度的大小,相对于前两种流场测试技术有很大的优势。此外,大量的数值计算流场需要试验数据来验证其物理模型是否正确,这就要求流场的试验结果具有很高的时间和空间分辨率才能与高密度数值计算流场进行比较。PIV 技术是具备完成此任务的合适的试验工具,它尤其满足瞬时速度场的要求。

最先进的三维粒子图像测速(简称 SPIV 或 3D – PIV)系统采用立体数码照相技术,即采用多台 CCD 相机从不同方位记录被照明流场的一个剖面,根据两台相机空间位置投影关系和视差,将两台相机的各二维坐标映射为空间一点的三维坐标,将两台相机的两个二维位移场映射为空间一点的三维位移场,从而完成粒子空间位移场和速度场的重建。最后,通过事先设定的算法获得流场的速度场和压力场等。

国际船模试验水池会议(ITTC)自第 25 届大会开始专门成立了精细流场测量研究组(Detailed Flow Measurement),组织世界各国致力于流体力学基础研究的专家、学者开展对此问题的深入研究。海洋中湍流、复杂流动、非定常流动对民用船舶航行性能和经济性能的影响,复杂海况和高海情引起的湍流、非定常流等耦合流动对军用舰船战斗性能与生存能力的影响是相关领域专家、学者一直研究并致力于解决的疑难问题。深入揭示相关问题的产生机理、精细流场作用现象和流动细节,对解决这些疑难问题具有重要意义。例如:潜艇周围绕流场会对潜艇的水动力性能产生直接影响,获得已知艇体形状特征下的精确绕流场(速度场、压力场和噪声场)特性可为得出阻力小、噪声低的最佳潜艇设计方案提供试验依据;船体尾部流体的流动特性是研究船舶推进性能的重要因素,从流场细节着手,分析螺旋桨的尾流场特性是研究舰船推进性能和安静性能的主要技术途径之一。因此,三维 PIV 技术作为一种先进的流场测试手段就显得意义重大。

1. PIV 测速原理

在利用 PIV 技术测量流速时,需要在二维流场中均匀散布跟随性、反光性良好且密度与流体相当的示踪粒子;将激光器产生的光束经透镜散射后形成厚度约 1 mm 的片光源入射到流场待测区域,CCD 摄像机以垂直片光源的方向对准该区域;最后利用示踪粒子对光的散射作用,记录下两次曝光时粒子的图像,形成两幅 PIV 底片(即一对相同待测区域、不同时刻的图片),底片上记录的是整个待测区域的粒子图像。整个待测区域包含了大量的示踪粒子,很难从两幅图像中分辨出同一粒子,从而无法获得所需的位移矢量。采用图像处理技术将所得图像分成许多很小的区域(称为查问区),使用自相关或互相关统计技术求取查问区内粒子位移的大小和方向,脉冲间隔时间已设定,粒子的速度矢量即可求出。对查问区中所有粒子的数据进行统计平均可得该查问区的速度矢量,对所有查问区进行上述判定和统计可得出整个速度矢量场。在实测时,对同一位置可拍摄多张曝光图片,这样能够更全面、更精确地反映出整个流场内部的流动状态。

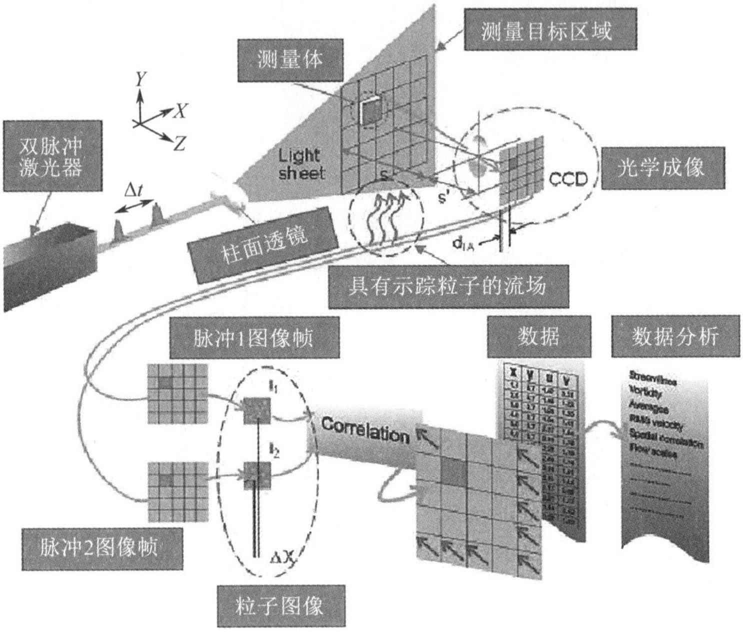


图 4.24 PIV 测量原理示意图

PIV 技术作为近期在流动显示基础上发展起来的新的定量流场场测量技术,其优势主要表现在:湍流结构研究、非定常瞬态流场测量、复杂或特殊几何结构流场测量、涡量场测量等,在这些方面它具备其他单点测量所能达到的优势。

2. PIV 在船舶与海洋工程流体力学试验中的应用

潜艇在水下做匀速运动时,周围的水介质与艇体产生相对运动而形成绕艇体流动的流场。潜艇周围的绕流场不仅会对潜艇水动力性能产生直接影响,而且还会对潜艇隐身性能产生影响。因此,开展潜艇几何形状与绕流场特性的关联研究,寻求能在已知艇体形状特征下精确预报绕流场(速度场、压力场和噪声场)特性的数值计算方法十分重要。

图 4.25 为国外某水池对某潜艇艇体模型的周围流场进行测量的试验图。图 4.26 为数据经过处理后得到的在潜艇表面不同横剖面处的流场矢量图。

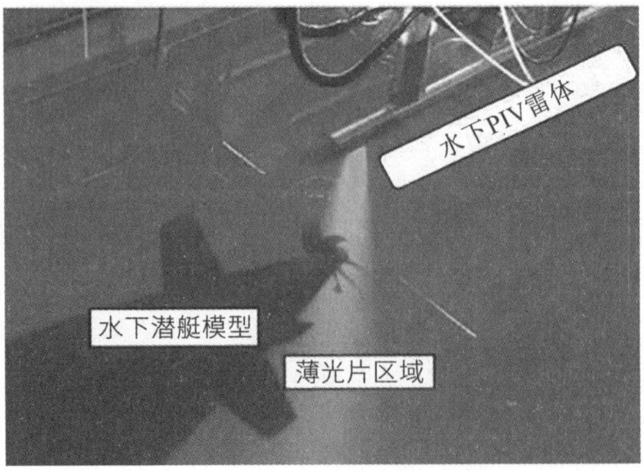


图 4.25 测量某潜艇模型周围流场试验图

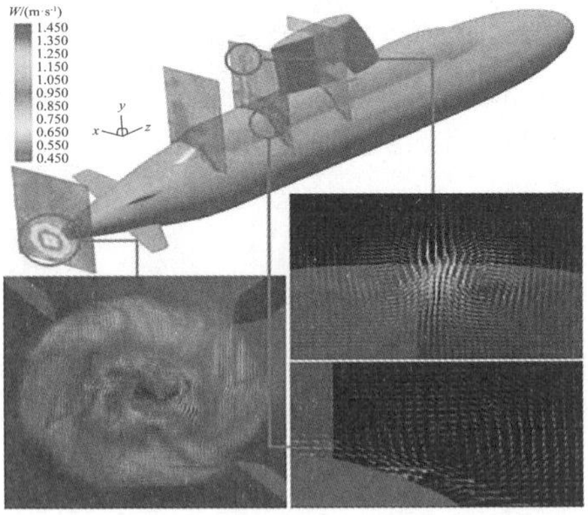

图 4.26 不同横剖面处的流场矢量图

船舶横摇诱导的流场流体动力特征复杂，为了解横摇阻尼水动力特征，完善黏流横摇模型，开展相关的精细流场测量工作十分必要。图4.27为横摇阻尼水动力试验装置示意图，图4.28为舭龙骨处流动细节的PIV试验结果图，试验能够反映舭龙骨处的流场流动细节。

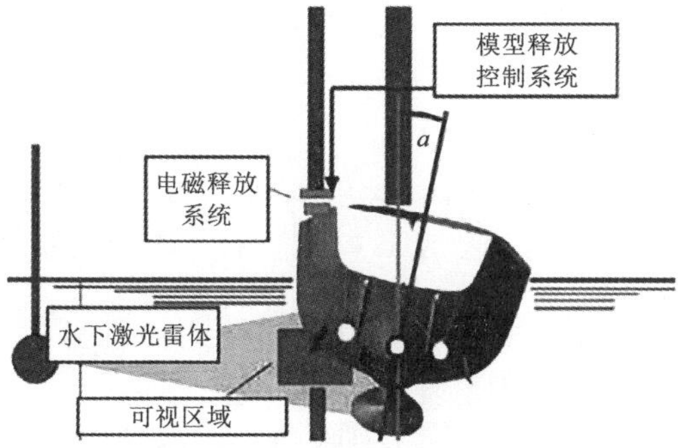


图4.27　横摇阻尼水动力试验装置示意图

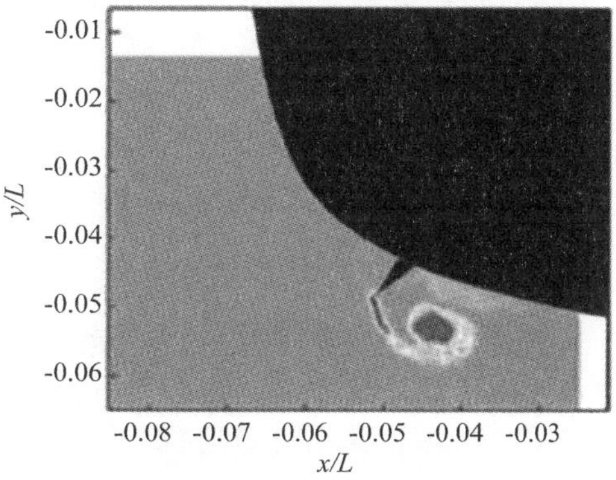


图4.28　舭龙骨处流动细节的PIV试验结果图

# 第5章　数据采集与处理技术

## 5.1　概　　述

数据采集是指将温度、压力、流量、位移等模拟量采集、转换成数字量后，再由计算机进行存储、处理、显示或打印的过程，相应的系统称为数据采集系统。

随着计算机技术的飞速发展和普及，数据采集系统也迅速得到应用。在科学研究中，应用数据采集系统可获得大量的动态信息，是研究瞬间物理过程的有力工具，也是获取试验结果的重要手段之一。

数据采集系统的任务，具体地说，就是采集传感器输出的模拟信号并转换成计算机能识别的数字信号，然后送入计算机，根据不同的需要由计算机进行相应的计算和处理，得出所需的数据。与此同时，将计算得到的数据进行显示或打印，以便实现对某些物理量的监视，其中一部分数据还将被计算机控制系统用来控制某些物理量。

数据采集系统性能的好坏，主要取决于它的精度和速度。在保证精度的条件下，应有尽可能高的采样速度，以满足对速度实时采集、实时处理和实时控制的要求。

## 5.2　数据采集系统的基本功能

由数据采集系统的任务可以知道，数据采集系统具有以下几方面的功能。

1. 数据采集

计算机按照预先选定的采样周期，对输入到系统的模拟信号进行采样，有时还要对数字信号、开关信号进行采样。数字信号和开关信号不受采样周期的限制，当这类信号到来时，由相应的程序负责处理。

2. 模拟信号处理

模拟信号是指随时间连续变化的信号，这些信号在规定的一段连续时间内，其幅值为连续值，即从一个量变到下一个量时中间没有间断。例如，正弦信号 $x(t) = A\sin(\omega t + \varphi)$。

模拟信号有两种类型：一种是由各种传感器获得的低电平信号；另一种是由仪器、变送器输出的0～10 mA或4～20 mA的电流信号。这些模拟信号经过采样和A/D(模/数)转换输入计算机后，常常要进行数据正确性判断、标度变换、线性化等处理。

模拟信号非常便于传送，但它对干扰信号很敏感。干扰信号容易使传送中的模拟信号的幅值或相位发生畸变。因此，有时还要对模拟信号做零漂修正、数字滤波等处理。

3. 数字信号处理

数字信号是指在有限的离散瞬时上取值间断的信号。在二进制系统中，数字信号是由有限字长的数字组成，其中每位数字不是 0 就是 1，这可由脉冲的有无来体现。数字信号的特点是，它只代表某个瞬时的量值，是不连续的信号。

数字信号是由某些类型的传感器或仪器输出，它在线路上的传送形式有两种：一种是并行方式传送；另一种是串行方式传送。数字信号对传送线路上的不完善性（畸变、噪声）不敏感，这是因为只需检测脉冲的有无来获取信息，至于信号的精确性（幅值、持续时间）是无关紧要的。

数字信号输入计算机后，常常需要进行码制转换的处理，如 BCD 码转换成 ASCⅡ码，以便显示数字信号。

4. 开关信号处理

开关信号主要来自各种开关器件，如按钮开关、行程开关和继电器触点等。开关信号的处理主要是监测开关器件的状态变化。

5. 二次数据计算

直接由传感器采集到的数据称为一次数据，对一次数据进行某种数学运算而获得的数据称为二次数据。二次数据计算主要有平均、累计、变化率、差值、最大值和最小值等。

6. 屏幕显示

CRT 显示装置可把各种数据以方便于操作者观察的方式显示出来，屏幕上显示的内容一般称为画面。常见的画面有相关画面、趋势图、模拟图、一览表等。

7. 数据存储

数据存储就是按照一定的时间间隔，定期将某些重要数据存储在外部存储器上。

8. 打印输出

打印输出就是按照一定的时间间隔或人为控制，定期将各种数据以表格或图形的形式打印出来。

9. 人机联系

人机联系是指操作人员通过键盘或鼠标与数据采集系统对话，完成对系统的运行方式、采样周期等参数进行设置。此外，还可以通过它选择系统功能、选择输出需要的画面等。

## 5.3　数据采集系统的结构形式

数据采集系统主要由硬件和软件两部分组成。从硬件方面来看，目前数据采集系统的结构形式主要有两种：一种是微型计算机数据采集系统；另一种是集散型数据采集系统。下面分别介绍这两种系统的结构和特点。

### 5.3.1　微型计算机数据采集系统

微型计算机数据采集系统的结构如图 5.1 所示。由图可知，微型计算机数据采集系统是由传感器、模拟多路开关、程控放大器、采样/保持器、A/D 转换器、计算机及外设等部分组成。

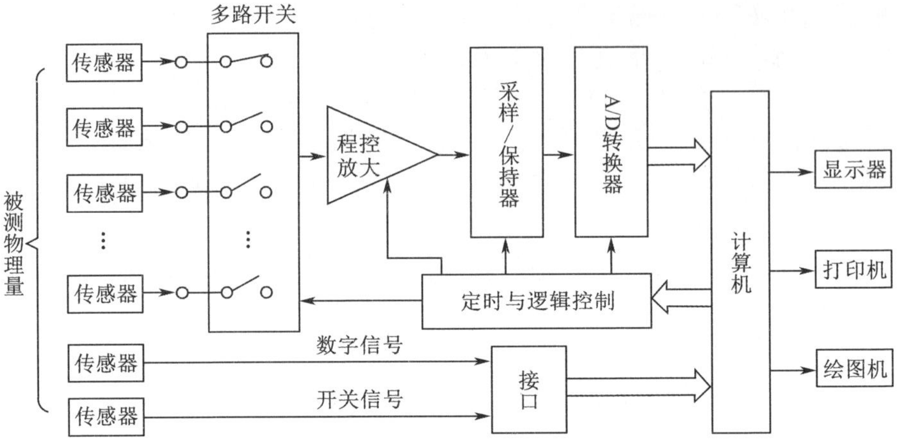


**图 5.1　微型计算机数据采集系统框图**

1. 传感器

各种待转换的物理量,如温度、压力、位移、流量等都是非电量。首先要把这些非电量转换成电信号,然后才能做进一步的处理。把各种物理量转换成电信号的器件称为传感器。传感器的类型有很多,如测量温度的传感器有热电偶、热敏电阻等;测量机械力的传感器有压(力)敏传感器、应变片等;测量机械位移的传感器有电感位移传感器、光栅位移传感器等;测量气体的传感器有气敏传感器等。

2. 模拟多路开关

数据采集系统往往要对多路模拟量进行采集。在不要求高速采样的场合,一般采用公共的 A/D 转换器,分时对各路模拟量进行 A/D 转换,目的是简化电路,降低成本。可以用模拟多路开关来轮流切换各路模拟量与 A/D 转换器间的通道,使得在一个特长的时间内,只允许一路模拟信号输入到 A/D 转换器,从而实现分时转换的目的。

一般模拟多路开关有 $2^N$ 个模拟输入端,$N$ 个通道选择端,由 $N$ 个选通信号控制选择其中一个开关闭合,使对应的模拟输入端与多路开关的输出端接通,让该路模拟信号通过。有规律地周期性改变 $N$ 个选通信号,可以按规定的序列周期性闭合各个开关,构成一个周期性分组的分时复用输出信号,由后面的 A/D 转换器分时复用对各通道模拟信号进行周期性转换。

3. 程控放大器

在数据采集时,来自传感器的模拟信号一般都是比较弱的低电平信号。程控放大器的作用是将微弱的输入信号进行放大,以便充分利用 A/D 转换器的满量程分辨率。例如,传感器的输出信号一般是毫伏数量级,而 A/D 转换器的满量程输入电压多数是 2.5 V、5 V 或 10 V,且 A/D 转换器的分辨率是以满量程电压为依据确定的。为了能充分利用 A/D 转换器的分辨率,即转换器输出的数字位数,就要把模拟输入信号输入到与 A/D 转换器满量程电压相应的电平值。

一般通用数据采集系统均支持多路模拟通道,而各通道的模拟信号电压可能有较大差异,因此最好是对各通道采用不同的放大倍数进行放大,即放大器的放大倍数可以实时控制改变。程控放大器能够满足这个要求,就在于它的放大倍数随时可以由一组数码控制,这样,在多路开关改变其通道序号时,程控放大器也由相应的一组数码控制改变放大倍数，即为每个模拟通道提供最合适的放大倍数。它的使用大大拓宽了数据采集系统的适应面。

4. 采样/保持器

A/D 转换器完成一次转换需要一定的时间，在这段时间内希望 A/D 转换器输入端的模拟信号电压保持不变，以保证有较高的转换精度。这可以用采样/保持器来实现。采样/保持器的加入大大提高了数据采集系统的采样频率。

5. A/D 转换器

因为计算机只能处理数字信号，所以须把模拟信号转换成数字信号，实现这一转换功能的器件是 A/D 转换器。A/D 转换器是采样通道的核心，因此，A/D 转换器是影响数据采集系统采样速率和精度的主要因素之一。

6. 接口电路

该电路用来将传感器输出的数字信号进行整形或电平调整，然后再传送到计算机的总线。

7. 微机及外部设备

它们负责对数据采集系统的工作进行管理和控制，并对采集到的数据做必要的处理，然后根据需要来显示和打印。

8. 定时与逻辑控制电路

数据采集系统各器件的定时关系是比较严格的，如果定时不合适，就会严重影响系统的精度。例如，模拟多路开关的两个开关切换时间是 800 ns；在模拟多路开关切换期间，程控放大器同时切换放大倍数，大约是 800 ns；从程控放大器的一个新放大倍数到产生稳定的输出大约是 400 ns；那么，从程控放大器倍数开始切换到采样/保持器开始跟踪至少需要 1.2 μs。若采样/保持跟踪时间是 6 μs，A/D 转换至少再延迟 6 μs 后才能开始。对于以上所描述的情况，必须遵守如图 5.2 所示的时序图。

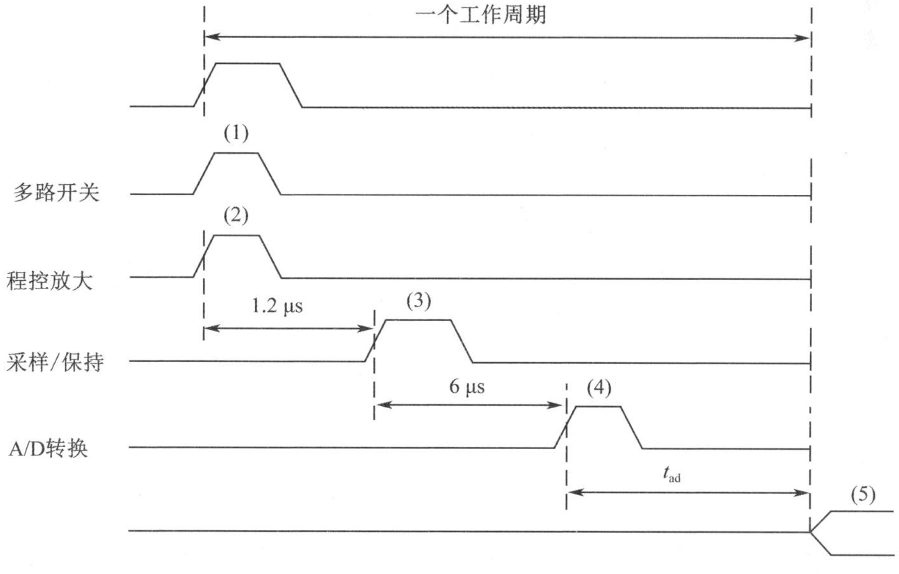


**图 5.2　数据采集系统工作时序图**

由图 5.2 可知，数据采集系统工作时，各个器件必须按照以下过程顺序执行：

(1)模拟多路开关开始切换；

(2)程控放大器放大倍数开始切换；

(3)采样/保持器开始保持；

(4)A/D 转换器开始转换；

(5)A/D 转换完成。

定时电路就是按照各个器件的工作顺序产生各种时序信号，而逻辑控制电路是依据时序信号产生各种逻辑控制信号。

为了满足生产和科学研究的需要，微型计算机数据采集系统还有其他结构，如适于高速采样的数据采集系统、无相差并行采样(各路均有采样/保持器、A/D 转换器)的数据采集系统等。在图 5.1 所示的微型计算机数据采集系统中，加上 D/A 转换器，就构成了微型计算机数据采集与控制系统。

微型计算机数据采集系统的特点是：

(1)系统结构简单，容易实现，能够满足中、小规模数据采集的要求；

(2)微型计算机对环境的要求不是很高，能够在比较恶劣的环境下工作；

(3)微型计算机的价格低廉，可降低数据采集系统的投资，即使是比较小的系统，也可以采用它；

(4)微型计算机数据采集系统可作为集散型数据采集系统的一个基本组成部分；

(5)微型计算机的各种 I/O 模板及软件都比较齐全，很容易构成系统，便于使用和维修。

### 5.3.2 集散型数据采集系统

集散型数据采集系统的结构如图 5.3 所示。集散型数据采集系统是计算机网络技术的产物，它由若干个“数据采集站”和一台上位机及通信线路组成。

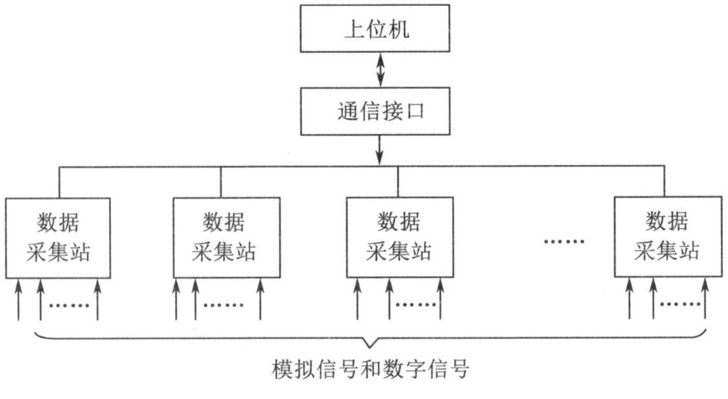


**图 5.3 集散型数据采集系统的结构**

数据采集站一般由单片机数据采集装置组成，位于生产设备附近，可独立完成数据采集和预处理任务，还可将数据以数字信号的形式传送给上位机。

上位机一般为普通 PC 机，配置有打印机和绘图机。上位机用来将各个数据采集站传送来的数据，集中显示在显示器上或用打印机打印成各种报表，或以文件形式储存在磁盘上。此外,还可以将系统的控制参数发送给各个数据采集站,以调整数据采集站的工作状态。

数据采集站与上位机之间通常采用异步串行传送数据。数据通信通常采用主从方式,由上位机确定与哪一个数据采集站进行数据传送。

集散型数据采集系统的主要特点:

(1)系统的适应能力强。无论是大规模的系统,还是中小规模的系统,集散型系统都能够适应,因为可以通过选用适当数量的数据采集站来构成相应规模的系统。

(2)系统的可靠性高。由于采用了多个以单片机为核心的数据采集站,若某个数据采集站出现故障,只会影响某项数据的采集,而不会对系统的其他部分造成任何影响。

(3)系统的实时响应性好。由于系统中各个数据采集站之间是真正并行工作的,所以系统的实时响应性较好。这一点对于大型、高速、动态数据采集系统来说,则是一个很突出的优点。

(4)对系统硬件的要求不高。由于集散型数据采集系统采用了多机并行处理方式,所以每一个单片机仅完成数量十分有限的数据采集和处理任务。因此,它对硬件的要求不高,可以用低档的硬件组成高性能的系统,这是微型计算机数据采集系统方案所不可比拟的。

另外,这种数据采集系统是用数字信号传输代替模拟信号传输,有利于克服常模干扰和共模干扰。因此,这种系统特别适合于在恶劣的环境下工作。

以上介绍了两种数据采集系统的特点。由此可知,微型计算机数据采集系统是基本型系统,由它可组成集散型数据采集系统。

## 5.4　数据采集系统的软件

数据采集系统的正常工作,除了必须要有系统硬件外,还必须有软件的支持。软件在数据采集系统中起着相当重要的作用。数据采集系统软件随着具体应用的不同,其规模、功能及所采用的技术也不相同,在这里详细地介绍数据采集系统软件是比较困难的。因此,本节只是重点介绍数据采集系统软件中一些最基本的部分,目的在于让读者了解数据采集系统软件的组织结构、软件的基本功能。

在设计一个复杂的软件系统时,一般是根据软件工程学中"自顶向下,逐层细分"的设计原则,将软件系统分解成若干个功能模块,各个功能模块之间既相互联系,又相互独立,这样才能使软件系统统构清晰,分工明确,便于软件的开发、调试、修改和维护。因此,数据采集系统的软件一般分为以下几个。

1. 模拟信号采集与处理程序

模拟信号采集与处理程序的主要功能是对模拟输入信号进行采集、标度交换、滤波处理及二次数据计算,并将数据存入磁盘文件。

2. 数字信号采集与处理程序

数字信号采集与处理程序的功能是对数字输入信号进行采集及码制之间的转换,如BCD 码转换成 ASCⅡ码等。

3. 脉冲信号处理程序

脉冲信号处理程序的功能是对输入的脉冲信号进行电平高低判断和计数。

4. 开关信号处理程序

开关信号处理程序包括一般的开关信号处理程序和中断型开关信号处理程序。前者是按系统设定的扫描周期定时查询运行;后者是随中断的产生而随时运行的。开关信号处理程序的主要功能是判断开关信号输入状态的变化情况,如果发生变化,则执行相应的处理程序。

5. 运行参数设置程序

运行参数设置程序的主要功能是对数据采集系统的运行参数进行设置。运行参数有:采样通道号、采样点数、采样周期、信号量程范围、放大器增益系数、工程单位等。

6. 系统管理(主控)程序

系统管理程序首先是用来将各个功能模块程序组织成一个程序系统,并管理和调用各个功能模块程序;其次是用来管理数据文件的存储和输出。

系统管理程序一般以文字菜单和图形菜单的人—机界面技术来组织、管理和运行系统程序。

7. 通信程序

通信程序是用来完成上位机与各个数据采集站之间的数据传送工作,它的主要功能有:设置数据传送的波特率(速率);上位机向数据采集站发送机号;上位机接收和判断数据采集站发回的机号;命令相应的数据采集站传送数据;上位机接收数据采集站传送来的数据。只有集散型数据采集系统才有通信程序。

以上介绍了数据采集系统软件的功能模块划分,但是它的划分并非是一成不变的,不同的系统常常有不同的划分。例如,在单片机数据采集系统中,软件还要有显示程序、键盘扫描与分析程序、实时监控程序等功能模块,而不能有用菜单技术编程的系统管理程序。因此,一般来说,软件功能模块的划分是由系统的规模、所要实现的功能、微型计算机的类型、编程者的经验等诸多方面的因素决定的。

## 5.5 数据处理的类型和任务

### 5.5.1 数据处理的类型

由数据采集系统的任务可知,系统除了采集数据外,还要根据实际需要,对采集到的数据进行各种处理。数据处理的类型有多种,一般根据以下方式分类。

1. 按处理的方式划分

按处理的方式划分,数据处理可分为实时(在线)处理和事后(脱机)处理。一般来说,实时处理(即在采集数据的同时,对数据进行某些处理)由于处理时间受到限制,因而只能对有限的数据做一些简单的、基本的处理,以提供用于实时控制的数据;而事后处理由于是非实时处理,处理时间不受限制,因而可以做各种复杂的处理。

2. 按处理的性质划分

按处理的性质划分,数据处理可分为预处理和二次处理两种。预处理通常是剔除数据奇异项、去除数据趋势项、数据的数字滤波、数据的转换等。二次处理有各种数学的运算,如微分、积分和傅里叶变换等。

## 5.5.2　数据处理的任务

数据处理的任务主要有以下几个。

1. 对采集到的电信号做物理量解释

在数据采集系统中，被采集的物理量（温度、压力、流量等）经传感器转换成电量，又经过信号放大、采样、量化和编码等环节之后，被系统中的计算机所采集，但是采集到的数据仅仅是以电压的形式表现。它虽然含有被采集物理量变化规律的信息，由于没有明确的物理意义，因而不便于处理和使用，必须把它还原成与原来对应的物理量。

2. 消除数据中的干扰信号

在数据的采集、传送和转换过程中，由于系统内部和外部干扰、噪声的影响，或多或少会在采集的数据中混入干扰信号。因而必须采用各种方法（如剔除奇异项、滤波等）最大限度地消除混入数据中的干扰，以保证数据采集系统的精度。

3. 分析计算数据的内在特征

通过对采集到的数据进行变换加工（例如求均值或做傅里叶变换等），或在有关联的数据之间进行某些相互的运算（例如计算相关函数），从而得到能表达该数据内在特征的二次数据。所以有时也称这种处理为二次处理。例如，采集到一个振动过程的振动波形（随时间变化的数据，即时域数据），由于频谱更能说明振动波形对机械结构所产生的影响，因此，可用傅里叶变换得出振动波形的频谱。

# 第6章　船舶流体力学性能试验

## 6.1　船舶快速性

船舶快速性是指船舶在一定的装载状态下，在某一指定主机功率时航行的快慢问题。它是船舶的重要性能之一。

为了满足船东对船舶快速性的要求，必须考虑以下四个问题：

（1）选择优良线型；

（2）选择优良性能的推进器；

（3）选择合适的主机；

（4）船体、主机和推进器有良好的配合。

船舶快速性试验就是检验船舶是否达到了快速性的设计要求。快速性试验内容包括阻力试验、推进器的敞水试验和船模的自航试验。阻力试验的目的在于确定船体阻力，研究线型和船型参数变化对船体阻力的影响，研究各种附体阻力及其对总阻力的影响，选择优良的线型。

本节介绍的船舶快速性试验方法仅针对常规排水型船舶。

在进行快速性试验前，须先确定模型的缩尺比。

（1）阻力试验，要求弗劳德数相等，即

$$\frac{V_s}{\sqrt{gL_s}} = \frac{V_m}{\sqrt{gL_m}} \tag{6.1}$$

故 $V_m = \frac{V_s}{\sqrt{\lambda}}$，式中 $\lambda = \frac{L_s}{L_m}$ 为缩尺比；$V_s$、$V_m$ 分别为实船及船模的速度；$g$ 为重力加速度。

（2）敞水试验，要求进度系数相等，即

$$\frac{V_{As}}{n_s D_s} = \frac{V_{Am}}{n_m D_m} \tag{6.2}$$

因此，在进行模型自航试验时，要求满足上述两式，根据几何相似性，有

$$\frac{D_s}{D_m} = \frac{L_s}{L_m} = \lambda \tag{6.3}$$

根据式(6.2)，有

$$n_m = n_s \sqrt{\lambda}\left(\frac{1-\omega_m}{1-\omega_s}\right) \tag{6.4}$$

假定伴流无尺度作用，则 $\omega_m = \omega_s$，因此有 $n_m = n_s\sqrt{\lambda}$。式中，$V_{As}$、$V_{Am}$ 分别为实桨及桨模进速；$n_s$、$n_m$ 分别为实桨及桨模转速；$D_s$、$D_m$ 分别为实桨及桨模直径；$\omega_s$、$\omega_m$ 分别为实桨及桨模的伴流分数。根据以上四式，考虑雷诺数要超过临界雷诺数的要求，根据拖车的速度、动

力仪推力、扭矩和转速的量程以及模型的加工能力，最终确定模型的缩尺比。

### 6.1.1　船舶静水阻力试验

船模静水阻力试验分为水上和水下船模阻力试验，因船模位置的不同，连接方法也不相同。

测量的主要仪器是阻力仪，主要有机械式和电测式两类。

机械式阻力仪示意图如图 6.1 所示，它的原理是当拖车做匀速运动时，船模阻力 $R_{tm}$ 中的主要部分由砝码盘上的砝码质量 $W$ 所平衡，而剩余部分则由摆锤 $p$ 的偏移来平衡，由力矩平衡原理得

$$W \cdot r_B \pm p l_P \sin\theta = R_{tm} \cdot r_A \tag{6.5}$$

由此得船模阻力

$$R_{tm} = \frac{r_B}{r_A} W \pm p \frac{l_P}{r_A} \sin\theta \tag{6.6}$$

式中　$r_A$ 和 $r_B$——分别为阻力仪同轴轮 A 和 B 的半径；

$l_P$——摆锤 $p$ 到轮中心的距离；

$\theta$——摆锤 $p$ 的偏移角度。

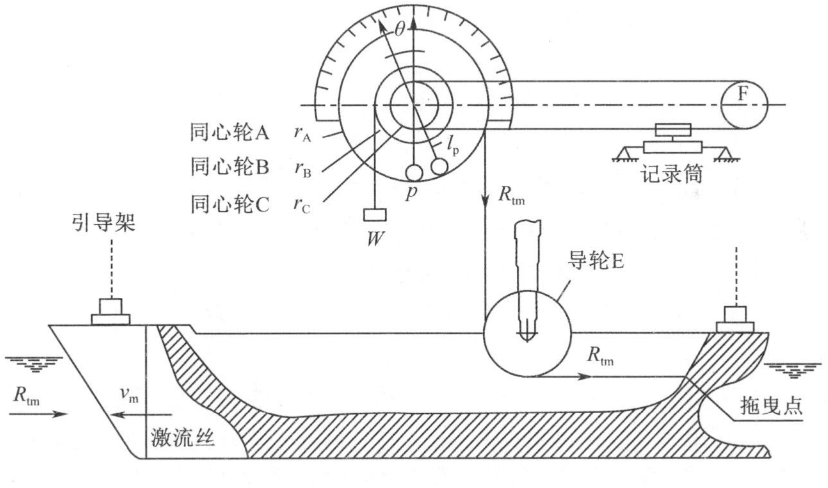


**图 6.1　机械式阻力仪示意图**

电测式阻力仪的具体工作原理和结构形式也是多样，基本原理是：将阻力导致的测力元件（称为传感器）的某些物理量（如长度等）的变化转换成电信号（如电压、电流等）并经一些设备测量、记录出来。这样，根据事先标定好的测力元件受力与相应信号之间的关系，则可由测量到的信号记录得到船模的相应阻力。由于电测技术动作迅速，因此可缩短所需的测量时间；显然，也有利于试验过程的自动化。其缺点是受周围环境的电磁场、湿度及湿度等物理场的影响大。

为减小尺度效应，对小水池因模长较小（为保证阻塞效应要求，通常 $L_m = 2 \sim 3$ m），除应保证一定试验雷诺数（$Re = (2 \sim 3) \times 10^6$）外，尚需采用人工激流措施。

所谓人工激流,即人为地通过一些装置来减小或消除模型首部的层流段长度。如加设激流柱(在模型前用合适圆柱扰动水流,从而增加扰动,促使层流段减小)、激流丝(沿模型首部肋骨线设 1.0 ~2.5 mm 直径的铜丝,则因其扰乱水流,而使其后边界层为湍流)、激流砂条(沿首部肋骨线加设敷有砂粒的粗糙条带)等方法,其中较常采用激流丝法(水下试验常采用激流砂条)。对附于模型上的激流器,为充分发挥其激流作用,应置于边界层交流区;如对激流丝,常置于(1/40 ~1/20)$L_m$ 处。

模型加设激流器以后,则认为边界层为全湍流状态,与实船一样用同一公式计算其摩擦阻力。此时激流器前面层流段所致摩擦阻力降低,以激流器本身所致阻力增加来补偿。需注意,对易于生成较长和较稳定层流段之船型,有时加设一道激流器很难保证其后不再生成层流,因此这种船型常需加设两道激流器。

阻力试验步骤是:首先根据实船的设计航速,按照弗劳德数相等的条件来确定船模的拖曳速度。从低速慢慢增加,一般选择的速度点不少于 15 个,速度间隔要均匀。对每一个速度的试验步骤就是:拖车启动,加速,速度稳定后松开夹紧装置,船模由阻力仪拖索拖带以均匀速度前进,记录阻力及船模速度,完毕后,将船模夹紧,拖车减速,回到拖车开始位置,停车,不断重复上述试验步骤,以制得以船模速度为横坐标,船模阻力为纵坐标绘制成的曲线,即为船模阻力曲线。

船模阻力试验的主要目的是由试验所得的船模阻力换算得到实船的静水总阻力或有效功率值。具体的换算方法有两种:一种是基于弗劳德假定的弗劳德换算法;另一种是根据休斯提出的三因次换算法或称为$(1+k)$法。

### 6.1.2 螺旋桨模型的敞水试验

螺旋桨模型单独地在均匀水流中的试验称为敞水试验,它可以在船模试验池、循环水槽或空泡水筒中进行。它是检定和分析螺旋桨性能较为简便的方法。

螺旋桨模型敞水试验在于测量给定桨的进速、转速、推力和扭矩四个主要参数,通过这四个主要参数就可以算出该桨的无因次特性系数,即进速系数 $J$、推力系数 $K_T$、扭矩系数 $K_Q$ 及敞水效率 $\eta_0$。

理论上来说,螺旋桨模型试验必须满足全相似条件,才能使螺旋桨模型的推力系数 $K_T$、扭矩系数 $K_Q$ 和敞水效率 $\eta_0$ 与实桨的相等。但实际上,模型试验中无法满足全相似条件,根据敞水试验相似定理的讨论,螺旋桨模型敞水试验必须满足以下条件:

(1)几何相似,即实际螺旋桨与模型相对应的线性尺度比一致,设两种直径之比为 $\lambda=\frac{D_s}{D_m}$,则 $\frac{P_s}{P_m}=\frac{b_s}{b_m}=\frac{t_s}{t_m}=\lambda$,其中 $P$ 为螺距,$b$、$t$ 为相应半径处叶切面的宽度及最大厚度。两者相应的面积之比为 $\lambda^2$,如 $\frac{A_s}{A_m}=\frac{A_{ds}}{A_{dm}}=\lambda^2$,其中 $A$、$A_d$ 为盘面积和桨叶展开面积。此外,两者叶数相同,桨叶轮廓、叶切面形状应相似,等等。

(2)运动相似和动力相似。当螺旋桨沉至一定深度时,可以忽略兴波的影响,螺旋桨的推力 $T$ 及扭矩 $Q$ 与直径 $D$、转速 $n$、进速 $V_A$、水的密度 $\rho$ 及黏性系数 $\mu$ 等因素相关。根据量纲分析,如以无因次系数表示,可得如下函数关系:

推力系数：

$$K_T = f_1\left(\frac{V_A}{nD}, \frac{nD^2}{\nu}\right) \tag{6.7}$$

扭矩系数：

$$K_Q = f_2\left(\frac{V_A}{nD}, \frac{nD^2}{\nu}\right) \tag{6.8}$$

敞水系数：

$$\eta_0 = f_3\left(\frac{V_A}{nD}, \frac{nD^2}{\nu}\right) \tag{6.9}$$

式中　$\nu = \frac{\mu}{p}$——水的运动黏性系数；

$\frac{V_A}{nD}$——进速系数；

$\frac{nD^2}{\nu}$——以叶梢线速度表达的雷诺数，表示黏性相似。

螺旋桨模型有足够的下沉深度，实验室的雷诺数应大于临界雷诺数，进速系数相等。其中保证模型边界层中达到紊流状态的最低雷诺数就是临界雷诺数，一般是根据 1978 年 ITTC(国际船模试验池会议)的规定，$Re = \frac{b_{0.75R}\sqrt{V_A^2 + (0.75\pi nD)^2}}{\nu}$，式中，$V_A$ 为进速，$n$ 为转速，$D$ 为螺旋桨的直径，$b_{0.75R}$ 为 0.75$R$ 处叶切面的弦长，$\nu$ 为水的运动黏性系数。

敞水试验方法有以下两种：

(1)固定进速(拖车速度不变)，改变螺旋桨转速，此方法称等速度法。空泡水筒中常采用这种方法。

(2)固定螺旋桨转速，改变进速(变化拖车速度)，此方法称等转速法。拖曳水池中常用这种方法。

目前使用的敞水试验装置有两种结构形式：一种是扁舟式敞水箱。螺旋桨动力仪(图 6.2)①、换向和减速齿轮箱、电动机等安装在箱体内，驱动螺旋桨的空、实轴伸出箱体外，为减小箱体对螺旋桨流动的影响，螺旋桨与箱体之间的轴向距离要求大于 2 ~ 3 倍桨直径。另一种是炮弹式敞水试验装置。其外形为流线型圆柱体，类似于炮弹形状。动力仪及驱动螺旋桨的传动轴系安装在圆柱体内。圆柱体上方有一空心的弓形剖面的支杆一直伸到水面上，安放在水面上的电动机通过直角传动机构驱动螺旋桨轴转动。这种结构形式的优点是对螺旋桨流动的干扰影响小，另外可以允许增大潜深，提高航速。

---

①　测量螺旋桨的推力和扭矩的仪器称为螺旋桨动力仪。螺旋桨动力仪有机械式动力仪、机电综合式动力仪和电测动力仪三种。机械式动力仪在试验时，用加减砝码的方法来平衡螺旋桨发出推力和扭矩。由于该种形式的动力仪在试验时加减砝码比较麻烦，且又不能直接将螺旋桨发出的推力和扭矩转换为信号输入计算机运算，所以该种类型的动力仪目前已很少采用。电测动力仪的测力机构大致如下：在弹性元件上粘贴电阻应变片，应变片的首尾线头相连而组成桥身电路，弹性元件在受力时，附着在它上面的应变片中的电阻丝发生拉伸或弯曲变形，这种拉伸或弯曲变形使电桥失去平衡，这种微量变化经仪器的放大滤波整形再传输给计算机或记录仪进行处理。电测动力仪的推力传感器与扭矩传感器相互间用波纹管隔开，当传感器在测量推力时，不被扭矩所影响；同样，在测量扭矩时是不被推力所影响。电测动力仪的推力传感器是不旋转的，它的电信号可直接输入记录系统。扭矩传感器是旋转的，螺旋桨在轴上所产生的扭矩力的大小要通过集流环这种转换机构，再输送给记录系统。集流环的心轴与螺旋桨的轴相连，集流环的外壳与动力仪的机体相连，心轴与外壳用碳刷加弹簧相连。集流环的优劣会直接影响到传感器的测量精度。

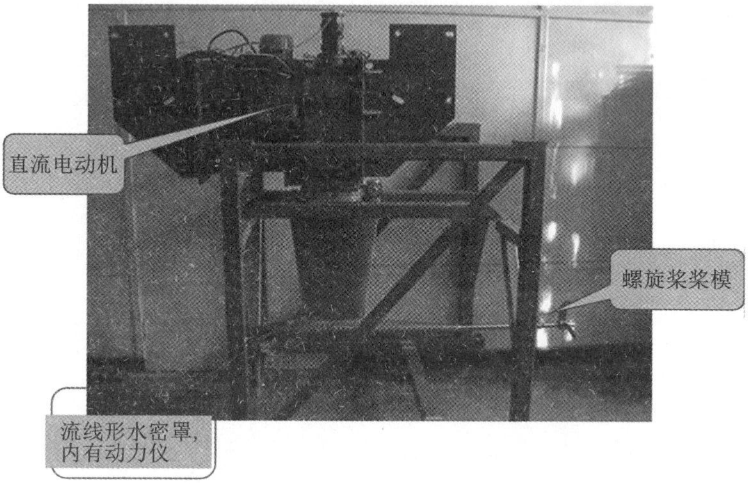


图 6.2　螺旋桨动力仪(H29－1)

敞水试验数据表达。螺旋桨敞水试验的目的就是将所求得的四个参数算成该桨的相应的四个无因次特性系数，即

进速系数：

$$J_A = \frac{V_A}{nD} \tag{6.10}$$

推力系数：

$$K_T = \frac{T}{\rho n^2 D^4} \tag{6.11}$$

扭矩系数：

$$K_Q = \frac{Q}{\rho n^2 D^5} \tag{6.12}$$

螺旋桨的效率系数：

$$\eta_0 = \frac{J}{2\pi} \cdot \frac{K_T}{K_Q} \tag{6.13}$$

式中　$V_A$——螺旋桨的进速，m/s；

$D$——螺旋桨的直径，m；

$n$——螺旋桨的转速，r/s；

$T$——螺旋桨发出的推力，kgf①；

$Q$——螺旋桨的扭矩，kgf·cm；

$\rho$——试验时的水密度，kg/m$^3$。

对于第一象限的敞水试验，通常保持转速不变，系列地变换进速，一般从进速 $V_A=0$ 开始，约进行 12 个不同的进速，以试验中测得的推力为零结束，分别算出各次试验的 $J$、$K_T$ 及 $K_Q$。具体计算可列表进行，或编制计算程序进行计算，最后，以 $J$ 为横坐标，以 $K_T$、$10K_Q$ 为

① 1 kgf≈9.8 N

纵坐标绘制成该桨的性征曲线，并用 $K_T$、$10K_Q$ 光顺后的曲线值，算出螺旋桨的效率 $\eta_0$ 并作出曲线，如图 6.3 所示。

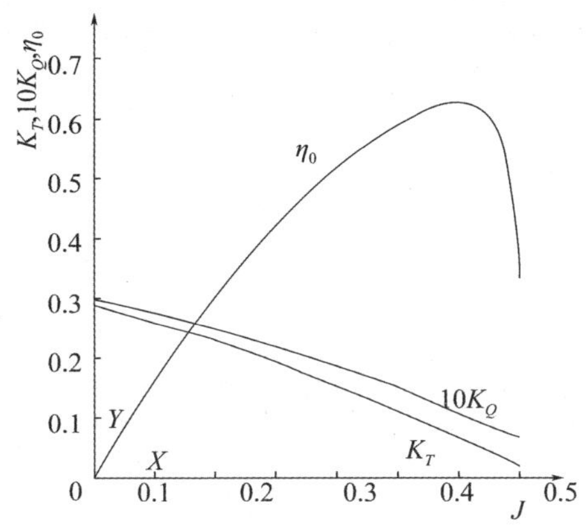


**图 6.3　螺旋桨敞水性征曲线**

## 6.1.3　自航试验

船舶快速性除了与主机、船体和推进器的单独性能有关外，还与它们的配合是否相当有关。阻力试验和螺旋桨敞水试验是用来获得船体和螺旋桨的单独性能的，而自航试验则是用来判断船、机、桨三者配合后的综合性能。因此，可知自航试验有以下几个目的：

(1)分析和研究各种效率成分，研究桨、船两者的相互影响。

(2)预报实船性能。即通过试验给出主机功率、转速和船速之间的关系，得出实船的航速预报，验证设计的船舶是否满足任务书中要求的航速。

(3)判断螺旋桨、主机、船体之间的配合是否良好。

在试验前，需要先讨论自航试验所要满足的相似定律。

在船模阻力试验中，只需满足弗劳德数相同的条件 $Fr_s = Fr_m$，即 $\dfrac{V_s}{\sqrt{gL_s}} = \dfrac{V_m}{\sqrt{gL_m}}$，对于船模雷诺数只要求超过临界雷诺数即可。而在螺旋桨敞水试验中，也只需满足进速系数相同的条件，$J_s = J_m$，即 $\dfrac{VA_s}{n_sD_s} = \dfrac{VA_m}{n_mD_m}$，船模雷诺数也只要求超过临界雷诺数即可。自航试验则需同时满足上述两个条件。

几何相似条件：

$$\frac{D_s}{D_m} = \frac{L_s}{L_m} = \lambda \tag{6.14}$$

则

$$V_m = \frac{V_s}{\sqrt{\lambda}} \tag{6.15}$$

螺旋桨敞水试验还需满足进速系数相似，固有 $n_m = n_s\sqrt{\lambda}\left(\dfrac{1-\omega_m}{1-\omega_s}\right)$，假定伴流无尺度作用，则 $\omega_m = \omega_s$，可得

$$n_m = n_s\sqrt{\lambda} \tag{6.16}$$

式(6.15)、式(6.16)就是船模自航试验应满足的相似定律条件。

由于船后螺旋桨满足进速系数相等的条件,因此在不考虑尺度作用的情况下,存在以下关系:

推力

$$T_s = T_m\frac{\rho_s}{\rho_m}\lambda^3 \tag{6.17}$$

转矩

$$Q_s = Q_m\frac{\rho_s}{\rho_m}\lambda^4 \tag{6.18}$$

收到功率

$$P_{Ds} = P_{Dm}\frac{\rho_s}{\rho_m}\lambda^{3.5} \tag{6.19}$$

考虑到船桨间的影响,对于实船 $T_s(1-t_s)=R_s$,对于船模 $T_m(1-t_m)=R_m$。

由上式可得,从推进器的角度讨论,推力之间应该是三次方的换算关系。从阻力角度讨论,假定船模的推力减额与实船的相等,即 $T_m - T_s$ 这种关系不成立,即

$$R_s \neq R_m\frac{\rho_s}{\rho_m}\lambda^3 \tag{6.20}$$

因而,在水池中模型自航试验时的平衡点(模型自航点)并不是实船运行时的平衡点(实船自航点)。为此必须在船模自航试验中做适当处理后,才能进行实船换算。

上述的处理过程就是摩擦阻力的修正,因为我们曾简单地将阻力分成剩余阻力和摩擦阻力。在弗劳德数相等时,认为实船和船模的剩余阻力系数相等,因此,总阻力不成三次方关系主要是摩擦阻力造成的。为了试验时使各种力都成三次方关系,需对摩擦阻力进行修正,增加一个修正值 $F_D$,人为地凑成三次方关系,该修正值称为摩擦阻力修正值,即

$$F_D = R_{tm} - \frac{\rho_s}{\rho_m}\frac{R_s}{\lambda^3} \tag{6.21}$$

或

$$R_s = \frac{\rho_s}{\rho_m}\lambda^3(R_m - F_D) \tag{6.22}$$

试验中,加一拖曳力 $F_D$,桨模推力克服 $R_m - F_D$,相当于实桨克服总阻力 $R_s$。

假定 $t_m = t_s$,则

$$T_s = T_m\frac{\rho_s}{\rho_m}\lambda^3 \tag{6.23}$$

由上面的分析可知,加一拖曳力,进行摩擦阻力修正的目的就是使桨模与实桨的载荷相当,以便由自航试验结果估算出实船推进性能。

进行自航试验的方法有两种:纯粹自航法和强迫自航法。

1. 纯粹自航法

在进行试验前首先决定船模的速度及算出摩擦阻力修正值 $F_D$。各种测试仪器的布置如图6.6所示,所采用的电测动力仪与敞水试验相同。在进行试验时,阻力仪砝码杆上挂的砝码质量相当于预定速度 $V_m$ 时的摩擦阻力修正值 $F_D$,然后,由拖车通过制动装置带动船模

前进，与此同时，启动螺旋桨使之产生推力，当拖车达到所需之船模速度时，松开制动装置，使船模与拖车脱开，同时调节螺旋桨转速，使其发出的推力恰能克服阻力（$R_m - R_s$），保持拖车速度与船模速度相同，待稳定后，记录拖车的速度 $V$、螺旋桨模型转速 $n$、螺旋桨推力 $T$ 和扭矩 $Q$。这种方法称为纯粹自航法。由于要使拖车速度严格地与船模的预定速度 $V_m$ 一致，调节工作相当困难，因此，各水池一般都采用强迫自航法。

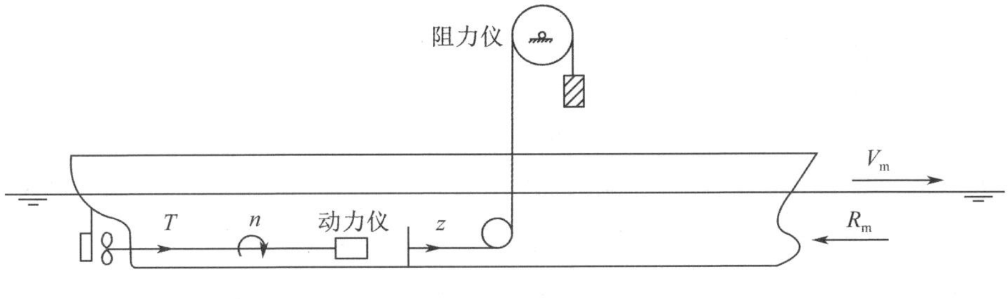


**图 6.6　船模自航试验布置示意图**

2. 强迫自航法

试验仪器及其布置与纯粹自航法相同。在进行试验时，自航船模在螺旋桨推力 $T$ 和拖车上阻力仪对船模的拉力（即强制力 $z$）共同作用下运动。在试验时保持拖车速度 $V$（即预定的船模速度）不变，调节螺旋桨模型的转速使其发出的推力克服阻力（$R_m - z$）。待拖车速度和船模速度一致且稳定后，测量并记录船模速度 $V$（拖车速度）、强制力 $z$、螺旋桨的转速 $n$、推力 $T$ 和扭矩 $Q$。对某一选定的船模试验速度 $V_m$，一般需要外加五个不同的强制力 $z_1$、$z_2$、$z_3$、$z_4$、$z_5$，其范围大致是 $z_1 = 0$（相当于船模的自航点，即螺旋桨模型发出的推力克服船模的阻力）；$z_3 = F_D$，相应于实船的自航点；$z_2 = 0.5F_D$；$z_4$、$z_5$ 一般大于 $F_D$，总之使试验点能合理布置。

对于大小不同的强制力，为保持预定的船模试验速度 $V_m$ 而要求螺旋桨模型发出的推力 $T$、转速 $n$ 及扭矩 $Q$ 是不同的。因此对于一个试验速度需要进行 5 次试验，而且各次的速度应保持一致。将其在同一速度下测得的 $n$、$z$、$T$、$Q$ 等数值绘制成如图 6.7 所示曲线。

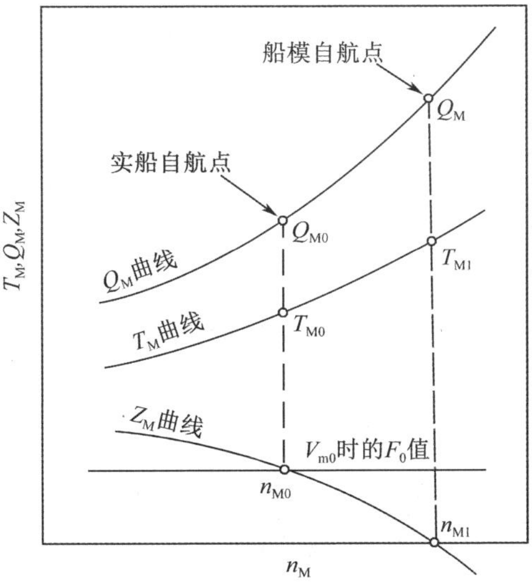


**图 6.7　船模强迫自航试验曲线**

# 6.2 船舶耐波性

船舶耐波性是船舶在波浪中运动特性的统称，它包括船舶在波浪中所产生的各种摇荡运动以及由于这些运动引起的砰击、飞溅、上浪、失速、螺旋桨飞车和波浪弯矩变化等直接影响船舶在风浪作用下维持其正常功能的能力。因此耐波性是船舶航行的重要性能。

耐波性试验是研究船舶耐波性的重要方法，它的主要目的是：

(1)分析确定船在给定环境条件下的耐波性能；

(2)为船舶设计选择优良耐波性能的船型提供依据；

(3)检验理论计算结果的正确性；

(4)寻求减缓船舶摇荡运动的有效措施。

由于考虑到实船试验的困难，一般都是采用船模试验，在耐波性水池或拖曳水池中进行，可以较方便地改变装载情况和波浪要素，而且可以不断重复进行试验。

## 6.2.1 船模试验的相似律

船模在波浪上的试验研究，必须遵守力学相似规律，就是要求几何相似、运动相似和动力相似。

1. 几何相似

模型与实船几何相似，即实船的线性尺度和模型成相同的比例，即

$$\frac{L_s}{L_m} = \frac{B_s}{B_m} = \frac{T_s}{T_m} = \lambda \tag{6.24}$$

式中 $L$、$B$、$T$——分别为船的长度、宽度和吃水；

$\lambda$——尺度比。

2. 运动相似

在几何相似的前提下，对于定常流动中的船模与实船，其对应线上的速度成同一比例，即

$$\frac{V_{s1}}{V_{m1}} = \frac{V_{s2}}{V_{m2}} = \cdots = C_V \tag{6.25}$$

式中 $V_s$、$V_m$——分别为实船和模型的速度；

下标1,2,3…——对应点的位置。

3. 动力相似

在运动相似前提下，作用在模型与实船对应点上的某种力的比值相同，即

$$\frac{F_{s1}}{F_{m1}} = \frac{F_{s2}}{F_{m2}} = \cdots = C_F \tag{6.26}$$

式中 $F_s$、$F_m$——作用在实船和模型对应点上的力。

对于几何形状和质量相似的船模，其升沉自摇周期是相似的，但对于横摇和纵摇还需要质量分布相似，即重心位置和质量惯性矩相似：

$$D_m = \frac{D_s}{\lambda^3} \tag{6.27}$$

式中　$D$——排水量。

船模重心坐标：

$$x_{gm} = \frac{x_{gs}}{\lambda}, z_{gm} = \frac{z_{gs}}{\lambda} \tag{6.28}$$

船模惯性矩（转动惯量）：

$$(J_{\varphi}\varphi)_{m} = \frac{(J_{\varphi}\varphi)_{s}}{\lambda^5}, (J_{\theta\theta})_{m} = \frac{(J_{\theta\theta})_{s}}{\lambda^5} \tag{6.29}$$

表 6.1 列出了实船与船模各相似量的比值。并且，线性尺度的比值不仅是指几何相似规律所确定的外表尺度，而且也指重心坐标、稳心半径及稳心高、稳性臂、船舶质量惯性半径等。

**表 6.1　实船与船模各相似量的比值**

| 名目 | 比值 | 名目 | 比值 |
|---|---|---|---|
| 线性尺度 | $\lambda$ | 体积、质量、力 | $\lambda^3$ |
| 角度 | 1 | 体积、质量及力的静矩 | $\lambda^4$ |
| 线速度 | $\lambda^{1/2}$ | 体积及质量的惯性矩 | $\lambda^5$ |
| 时间间隔、振荡周期 | $\lambda^{1/2}$ | 压力 | $\lambda$ |
| 线加速度 | 1 | 功、能量 | $\lambda^4$ |
| 角速度 | $\lambda^{-1/2}$ | 功率 | $\lambda^{3.5}$ |
| 角加速度 | $\lambda^{-1}$ | 动能、冲量 | $\lambda^{3.5}$ |
| 面积 | $\lambda^2$ | 动量矩 | $\lambda^{4.5}$ |

欲使船模与实船质量分布相似，则需在试验前进行静力校准和动力校核。

船模质量和重心位置的确定，可以在水箱中进行。把几何相似的船模漂浮在水箱中，调整船模中可调质量的位置使船模静止漂浮在设计水线上，则船模的质量和重心的纵向位置就满足了要求。

船模重心的垂向位置 $z_g$，可由倾斜试验来确定，如图 6.8 所示，在甲板上横向移动的砝码质量为 $p$，移动距离为 $l$，则产生横倾力矩

$$M = p \cdot l \tag{6.30}$$

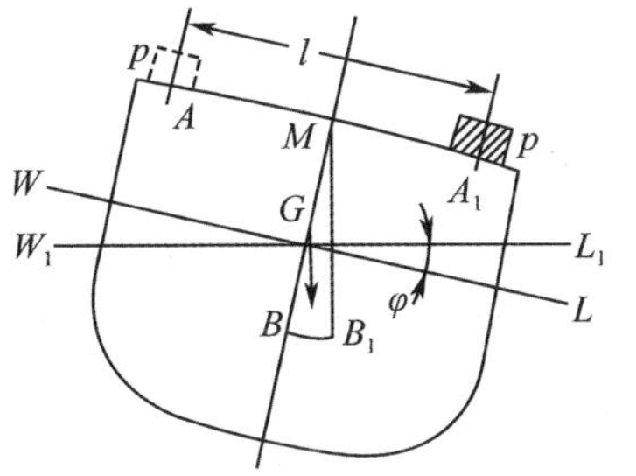


**图 6.8　倾斜试验示意图**

通过摆线或倾角传感器测量横倾角 $\varphi$，得横稳心高

$$\overline{GM} = \frac{pl}{D \cdot \tan\varphi} \tag{6.31}$$

$$z_G = z_B + \overline{BM} - \overline{GM} \tag{6.32}$$

式中，$z_B$、$\overline{GM}$ 可根据排水量或吃水从静水力曲线图中查得。

同理，船模重心的纵向坐标可由船模纵倾试验来测得，即将船模的一端吊起，另一端置于台秤的支座上，如图 6.9 所示，由力矩方程 $Dx_0 = px$ 得

$$x_0 = \frac{p}{D}x \tag{6.33}$$

式中 $D$——船模重力；

$p$——船模在支座上的压力，由台秤称出；

$x_0$——船模重心 $G$ 到悬吊平面的距离；

$x$——支座至悬吊平面的距离。

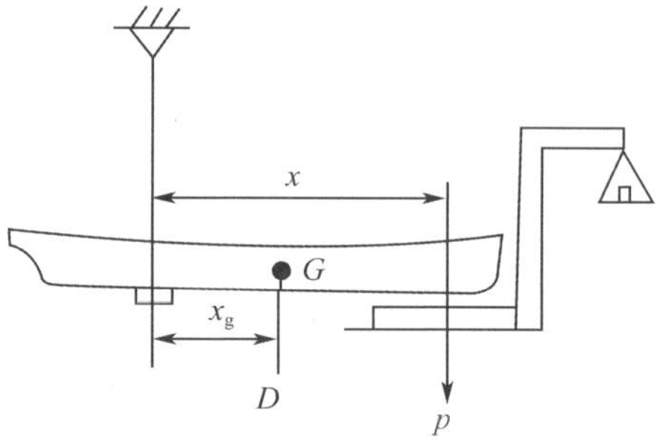


**图 6.9　船模纵倾试验结构示意图**

船模的动力校准按式(6.29)确定其对纵轴或横轴的质量惯性矩。根据质量惯性矩的定义得

$$J_{\theta\theta} = \int_M (x^2 + x^2)\,\mathrm{d}m = \int_M x^2\mathrm{d}m + \int_M z^2\mathrm{d}m \tag{6.34}$$

$$J_{\phi\phi} = \int_M (x^2 + y^2)\,\mathrm{d}m = \int_M x^2\mathrm{d}m + \int_M y^2\mathrm{d}m \tag{6.35}$$

由于船的长度远大于高度，故在式(6.33)中第二项积分的数值不超过第一项积分的 1% ~1.5%，同理式(6.35)中，第二项的积分也不超过第一项的 2% ~3%，所以

$$J_{\phi\phi} - J_{\theta\theta} = \int_M y^2\mathrm{d}m - \int_M z^2\mathrm{d}m = (0.01 - 0.02)\int_M x^2\mathrm{d}m$$

可见这两项之差不超过 1% ~2%，所以可以用测定 $J_{\varphi\varphi}$ 来代替 $J_{\theta\theta}$。$J_{\varphi\varphi}$ 的测量可使用双线悬挂法。

用双线悬吊法确定惯性矩 $J_{\theta\theta}$，船模应悬吊在两根等长度的绳子下，绳子固定在船模纵中剖面上，且两固定点与船模重心等距，如图 6.10 所示。使船模在水平面内绕竖轴做振荡运动，以秒表测定振荡周期 $\tau$。根据测得的 $\tau$，用振荡理论可计算出 $J_{\varphi\varphi}$。

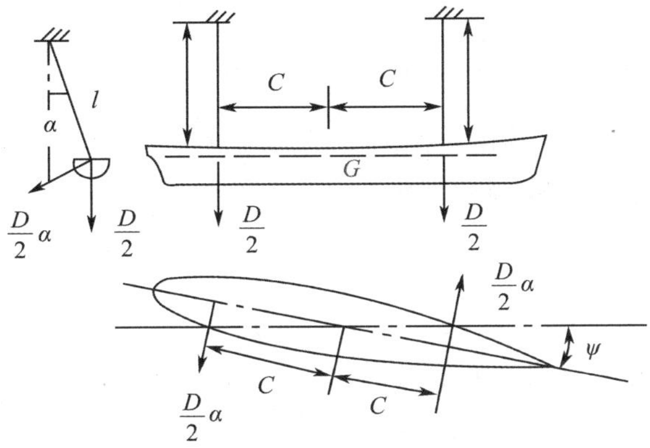


**图 6.10　双线悬挂法示意图**

船模在水平面内做振荡运动的微分方程式可写成

$$J_{\varphi\varphi}\dot{\psi} = M \tag{6.36}$$

式中　$M$——船模回复至原始位置的稳定力矩。

当船模绕竖轴转动 $\psi$ 角，绳子对竖向位置的偏角为 $\alpha$。重力对绳子的法向分量等于 $D\alpha/2$，其在水平面内的力矩为

$$M = -\frac{D}{2}\alpha \cdot 2c = -Dc\alpha \tag{6.37}$$

由几何关系可知

$$l\alpha = c\psi \qquad \alpha = \frac{c}{l}\psi \tag{6.38}$$

将其代入力矩表达式，得

$$M = -\frac{Dc^2}{l}\psi \tag{6.39}$$

式中　$l$——绳子自悬吊点至其在船模上固定点的长度；

$c$——船模重心 $G$ 至绳子的距离。

将式(6.39)代入式(6.36)，得

$$J_{\psi\psi}\dot{\psi} + \frac{Dc^2}{l}\psi = 0 \tag{6.40}$$

式(6.40)两边除以 $J_{\psi\psi}$，得

$$\dot{\psi} + \omega^2\psi = 0 \tag{6.41}$$

其中 $\omega$ 表示绕竖轴的振荡圆频率，即

$$\omega = \sqrt{Dc^2/J_{\psi\psi}l} \tag{6.42}$$

船模在水平面内的振荡周期为

$$\tau = 2\pi/\omega = 2\pi\sqrt{J_{\psi\psi}l/Dc^2} \tag{6.43}$$

由式(6.43)可得

$$J_{\psi\psi} = Dc^2\tau^2/4\pi^2 l \tag{6.44}$$

同理，船模横向质量惯性矩的校准，也是采用上面类似的方法，根据物理摆的振荡周期

公式

$$\tau_1 = 2\pi \sqrt{\frac{J_0}{Dh_1}} \tag{6.45}$$

式中 $J_0$——船模相当于横荡轴的惯性矩；

$h_1$——船模重心 $G$ 至横荡轴的距离。

由此可求出

$$J_0 = Dh_1 \left(\frac{\tau_1}{2\pi}\right)^2 \tag{6.46}$$

船模对穿过其重心的纵轴的质量惯性矩为

$$J_{\varphi\varphi} = J_0 - \frac{D}{g}h_1^2 = Dh_1 \left[\left(\frac{\tau_1}{2\pi}\right)^2 - \frac{h_1}{g}\right] \tag{6.47}$$

如果 $J_{\varphi\varphi}$ 与所求的不符，则在横杆上移动配重，以改变周期 $\tau_1$，直至 $J_{\varphi\varphi}$ 符合要求为止。

如果 $h_1$ 未知，也可以在动力校准过程中求得。

进行船模动力校准应非常仔细，因为校准中所做的任何不精确之处将导致船模试验的不准确。而且，若干摇荡参数是作为大数量之差而确定的，因此动力校准时产生的较小误差可在确定这些摇荡参数时引起极大的误差。

### 6.2.2 静水和波浪中横摇试验

利用船模自由摇摆来确定船舶摇摆情况的方法有两种：船模静水横摇试验和船模波浪中横摇试验。

1. 船模静水横摇试验

这是一种间接的方法，即根据船模在静水中的自摇周期和摇幅的衰减情况，来确定船舶在波浪上摇幅的参数，从而大致估计出实船在波浪上摇摆的情况。

试验步骤为：

将船模调整好位置，横放在水池中，并给予一个初始横倾角，然后放开，利用装载在船模上的适航仪记录下摇摆的情况，如图 6.11 所示。

通过计算机采集的数据，绘出船模的横摇曲线，如图 6.12 所示，图中曲线表示摇摆角度随时间的变化。

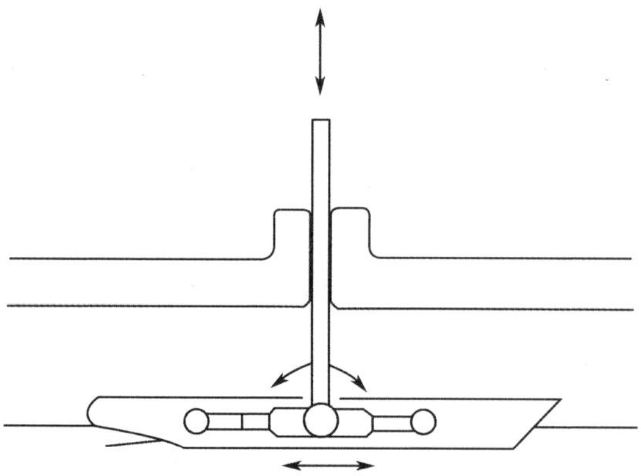

图 6.11 船模静水横摇试验示意图

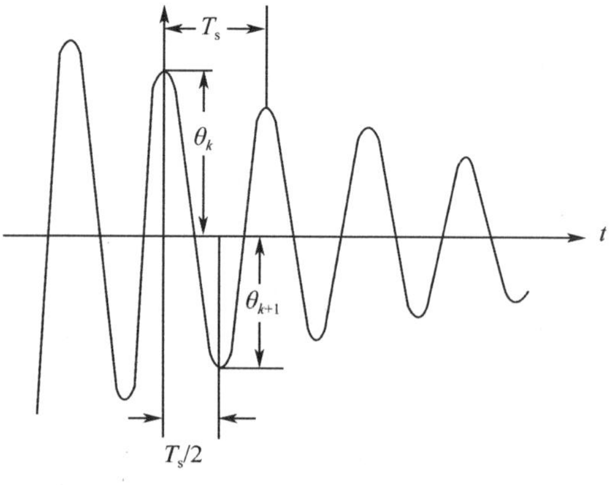


图 6.12 船模横摇曲线

同理,船舶的纵摇和升沉运动也可用类似的方法获得。

2. 船模波浪中横摇试验

可以看出,船模静水横摇试验方法虽然很简便,即使在没有正规试验设备的条件下也可以做到,并能测试出不同振幅时的阻尼情况,但是由于它是在静水中进行试验的,无法考虑船与波浪间的相互作用,是有一定的局限性和误差。所以,人们设计了船模波浪中横摇试验,也就是直接测量船模在横浪中某一规则波下的摇幅。这种方法比较直接,所包含的因素也比较全面可靠,所以数据误差比较小,但是由于船模的横摇情况与波浪的大小有直接关系,所以这种试验方法的工作量很大,对试验设备的要求也比较高。

试验步骤为:

将船模横置于水池中,两端固结于池壁上,如图 6.13 所示。

按照预定方案,利用造波系统在水池内产生一系列的不同波长的规则波,利用适航仪测量出船模在每一规则波上的摇摆幅度,同时根据造波机频率和冲程计算出波倾角,算出相应于这一规则波上的摇摆幅度,最后,对不同的波浪频率绘成放大因数曲线,如图 6.14 所示。

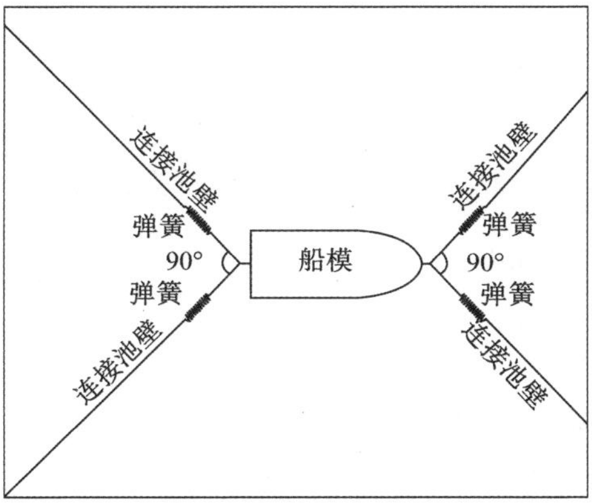


**图 6.13　船模在波浪中横摇试验示意图**

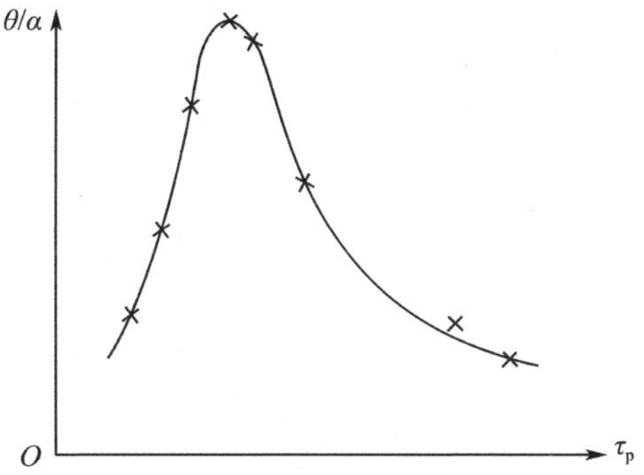


**图 6.14　不同波浪频率的放大因数曲线**

从图 6.14 中可以看出,放大因数曲线一般呈尖峰状,峰点在船模自摇周期附近,这就是共振现象,对船舶横摇来说是很重要的,阻尼系数越小,则共振的峰值越高。由于横摇的共振现象特征显著,曲线在共振点附近变化很大,所以试验时在共振点附近必须特别注意,不然可能会得出不正确的结论。

需要注意的是,在横摇试验中,放大因数一般与波倾角的大小有关,随着波倾角的增大,相应的放大因数曲线也会减小。

同理,利用这一试验方法也可测量船模在波浪中的升沉和纵摇运动。

## 6.2.3　船模强迫摇荡试验

除了自由船模以外,还可以采用船模强迫摇荡的方法来测定流体动力系数。尤其是对于升沉和纵摇运动,由于其自由摇荡的衰减很快,这类系数难以用自由衰减曲线求得,故多用强迫摇荡法。强迫摇荡试验法基于船舶摇荡运动方程式,分为纵向运动和横向运动进行试验,从而求得运动方程式里的流体动力系数。

纵摇和升沉的耦合运动方程式为

$$\begin{cases} a_\omega \ddot{z}_\omega + b_\omega \ddot{z}_\omega + c_\omega z_\omega + d_\omega \dot{\theta}_\omega + e_\omega \dot{\theta}_\omega + g_\omega \theta_\omega = F_\omega \\ A_\omega \ddot{z}_\omega + B_\omega \ddot{z}_\omega + C_\omega z_\omega + D_\omega \dot{\theta}_\omega + E_\omega \dot{\theta}_\omega + G_\omega \theta_\omega = M_\omega \end{cases} \tag{6.48}$$

式中，下标 $\omega$ 代表在波浪中。

而在强迫摇荡中，即可写成

$$\begin{cases} a_f \ddot{z}_f + b_f \ddot{z}_f + c_f z_f + d_f \dot{\theta}_f + e_f \dot{\theta}_f + g_f \theta_f = F_f \\ A_f \dot{\theta}_f + B_f \dot{\theta}_f + C_f \theta_f + D_f \ddot{z}_f + E_f \ddot{z}_f + E_f \ddot{z}_f + G_f z_f = M_f \end{cases} \tag{6.49}$$

式中，下标 $f$ 代表强迫摇荡。

1. 静水中的船模强迫纯升沉试验

静水中的船模强迫纯升沉试验，是利用所使用的强迫摇荡机构，只允许船模做升沉运动，纵摇受到约束，如图 6.15 所示。

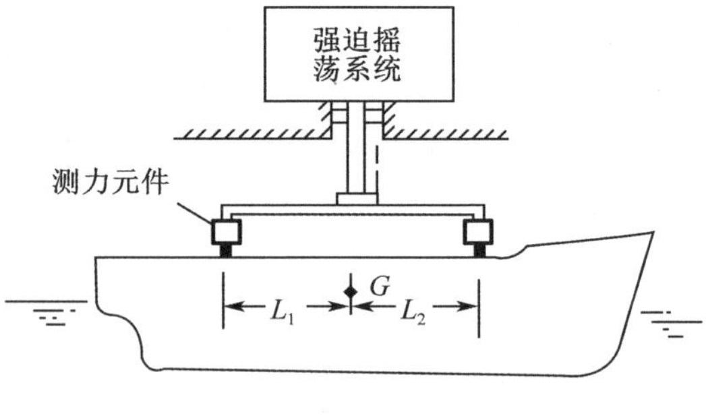


**图 6.15　静水中船模强迫纯升沉试验示意图**

强迫摇荡系统令船模以给定的频率 $\omega_0$ 做正弦升沉运动，$z_f = z_{f0}\sin \omega_0 t$，这时通过测量系统测得作用在船模上的力与力矩为

$$\begin{cases} F_f = F_{f0}\sin(\omega_0 t + \alpha_z) \\ M_f = M_{f0}\sin(\omega_0 t + \beta_z) \end{cases} \tag{6.50}$$

式中，$F_{f0}$、$M_{f0}$ ——分别为力与力矩的幅值；

$\alpha_z$、$\beta_z$ ——分别为力与力矩相对运动的相位差。

由于是纯升沉运动，即纵摇受约束，$\theta = 0$，所以可得

$$\begin{cases} a_f \ddot{z}_f + b_f \dot{z}_f + c_f z_f = F_f \\ D_f \ddot{z}_f + E_f \dot{z}_f + G_f z_f = M_f \end{cases} \tag{6.51}$$

式中，$c_f$、$G_f$ 为已知值，$z_f$、$F_f$、$M_f$ 由测量系统记录并求出其幅值 $z_{f0}$、$F_{f0}$、$M_{f0}$ 和相位差 $\alpha_z$、$\beta_z$。将这些数值代入式(6.50)中，令等式两边正弦项和余弦项的系数相等，便可得如下诸系数的计算式：

$$\begin{cases} a_f = \left( \dfrac{C_f - \dfrac{F_{f0}}{z_{f0}}\cos \alpha_z}{\omega_0^2} \right) \\ b_f = \left( \dfrac{\dfrac{F_{f0}}{z_{f0}}\sin \alpha_z}{\omega_0} \right) \\ D_f = \left( \dfrac{G_f - \dfrac{M_{f0}}{z_{f0}}\cos \beta_z}{\omega_0^2} \right) \\ E_f = \left( \dfrac{\dfrac{M_{f0}}{z_{f0}}\sin \beta_z}{\omega_0} \right) \end{cases} \tag{6.52}$$

2. 静水中的强迫纵摇试验

除了讨论升沉和横摇试验外，还需要研究静水中的强迫纵摇试验。

如图 6.16 所示，该试验利用所使用的强迫摇荡机构，只允许船模做纵摇运动，升沉受到约束。强迫摇荡系统使船模以给定的频率 $\omega_0$ 做正弦纵摇，$\theta_f = \theta_{f0}\sin\omega_e t$ 时，船模受到的力与力矩为

$$\begin{cases} F_f = F_{f0}\sin(\omega_0 t + \alpha_\theta) \\ M_f = M_{f0}\sin(\omega_0 t + \beta_\theta) \end{cases} \tag{6.53}$$

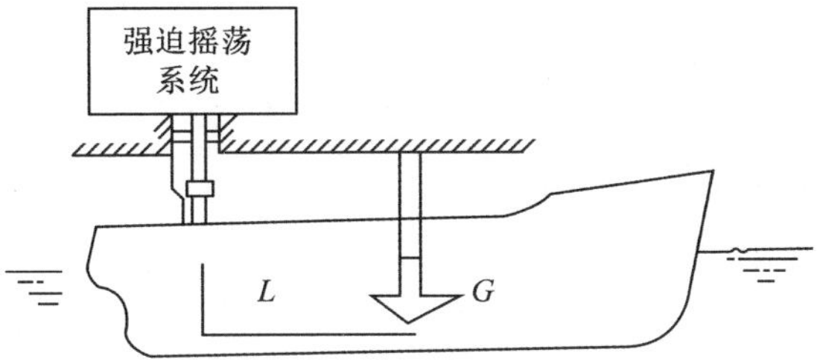


**图 6.16　静水中强迫纵摇试验示意图**

由于升沉运动受到约束，所以 $z_f = 0$，此时式(6.49)可写成

$$\begin{cases} A_f\dot{\theta}_f + B_f\dot{\theta}_f + C_f\theta_f = M_f \\ d_f\dot{\theta}_f + e_f\dot{\theta}_f + g_f\theta_f = F_f \end{cases} \tag{6.54}$$

式中，$C_f$、$g_f$ 为已知值，$\theta_f$、$M_f$、$F_f$ 由测量系统记录并求出其幅值 $\theta_{f0}$、$M_{f0}$、$F_{f0}$ 和相位差 $\alpha_\theta$、$\beta_\theta$。将这些数值代入式(6.54)中，令等式两边正弦项和余弦项的系数相等，便可得如下诸系数的计算式：

$$\begin{cases} A_f = \left(C_f - \dfrac{M_{f0}}{\theta_{f0}}\cos\alpha_\theta\right)\cdot\dfrac{1}{\omega_0^2} \\ B_f = \left(\dfrac{M_{f0}}{\theta_{f0}}\sin\alpha_\theta\right)\cdot\dfrac{1}{\omega_0} \\ d_f = \left(g_f - \dfrac{F_{f0}}{\theta_{f0}}\cos\beta_\theta\right)\cdot\dfrac{1}{\omega_0^2} \\ e_f = \left(\dfrac{F_{f0}}{\theta_{f0}}\sin\beta_\theta\right)\cdot\dfrac{1}{\omega_0} \end{cases} \tag{6.55}$$

由上可知，通过强迫摇荡试验，可以求出船舶纵向运动的方程式或所需的流体动力系数。

3. 波浪中船模强迫摇荡试验

船模强迫摇荡试验除上述方法外，还可以利用水池造的波作为摇荡船模的强制力，如图 6.13 所示，船模在完全受约束的情况下在波浪中航行，从而测定船体所受的力与力矩。

(1)波浪强制力试验

利用浪高仪来求得力与力矩，表达式如式(6.56)所示，其中，$F_w$、$M_w$ 相对于 $\zeta_G$ 的相位差分别为 $\varepsilon_F$、$\varepsilon_M$。

$$\begin{aligned} F_w &= F_{w0}\sin(w_e t + \varepsilon_F) \\ M_w &= M_{w0}\sin(w_e t + \varepsilon_M) \end{aligned} \tag{6.56}$$

(2)波浪强迫纯升沉试验

由式(6.57)来确定诸系数:

$$\begin{cases} a_w = \left[ c_w - \dfrac{F_{w0}}{z_{w0}} \cos(\varepsilon_F - \sigma_z) \right] \cdot \dfrac{1}{\omega_e^2} \\ b_w = \left[ \dfrac{F_{w0}}{z_{w0}} \sin(\varepsilon_F - \sigma_z) \right] \cdot \dfrac{1}{\omega_e} \\ D_w = \left[ G_w - \dfrac{M_{w0}}{z_{w0}} \cos(\varepsilon_M - \sigma_z) + \dfrac{M_{r0}}{z_{w0}} \cos(\varepsilon_M - \sigma_z) \right] \cdot \dfrac{1}{\omega_e^2} \\ E_w = \left[ \dfrac{M_{w0}}{z_{w0}} \sin(\varepsilon_M - \sigma_z) + \dfrac{M_{r0}}{z_{w0}} \sin(\varepsilon_M - \sigma_z) \right] \cdot \dfrac{1}{\omega_e} \end{cases} \tag{6.57}$$

(3)波浪强迫纯纵摇试验

由式(6.58)来确定诸系数:

$$\begin{cases} A_w = \left[ C_w - \dfrac{M_{w0}}{\theta_{w0}} \cos(\varepsilon_M - \sigma_\theta) \right] \cdot \dfrac{1}{\omega_e^2} \\ B_w = \left[ \dfrac{M_{w0}}{\theta_{w0}} \sin(\varepsilon_M - \sigma_\theta) \right] \cdot \dfrac{1}{\omega_e} \\ d_w = \left[ g_w - \dfrac{F_{w0}}{\theta_{w0}} \cos(\varepsilon_F - \sigma_\theta) + \dfrac{F_{r0}}{\theta_{w0}} \cos(\varepsilon_F - \sigma_\theta) \right] \cdot \dfrac{1}{\omega_e^2} \\ e_w = \left[ \dfrac{F_{w0}}{\theta_{w0}} \sin(\varepsilon_F - \sigma_\theta) + \dfrac{F_{r0}}{\theta_{w0}} \sin(\varepsilon_F - \sigma_\theta) \right] \cdot \dfrac{1}{\omega_e} \end{cases} \tag{6.58}$$

# 6.3 船舶操纵性

## 6.3.1 船舶操纵运动方程

研究船舶操纵性,通常采用两个坐标系,固定坐标系 $O_0X_0Y_0Z_0$ 和运动坐标系 $Gxyz$。

固定坐标系是固定在地球表面的右手坐标系,其原点 $O_0$ 是可以任意选择的,通常与 $t=0$时的船舶重心位置一致,$x_0y_0$ 平面位于静水面内,$z_0$ 轴垂直向下为正,而对于水面上的船舶来说,忽略垂直运动,直接用重心位置($x_{0G}$,$y_{0G}$)和船中纵剖面与 $x_0$ 轴的交角 $\psi$ 及它们对时间的导数来表示。

而根据刚体质心运动的动量和动量矩定理,船舶运动有以下方程组:

$$\begin{cases} X_0 = m\ddot{x}_{0G} \\ Y_0 = m\ddot{y}_{0G} \\ N_0 = I_{zG}\Psi \end{cases} \tag{6.59}$$

式中 $X_0$、$Y_0$ ——分别为船舶外力在 $x_0y_0$ 轴上的分量;

$N_0$——作用于船舶的外力绕通过重心的铅直轴的回转力矩。

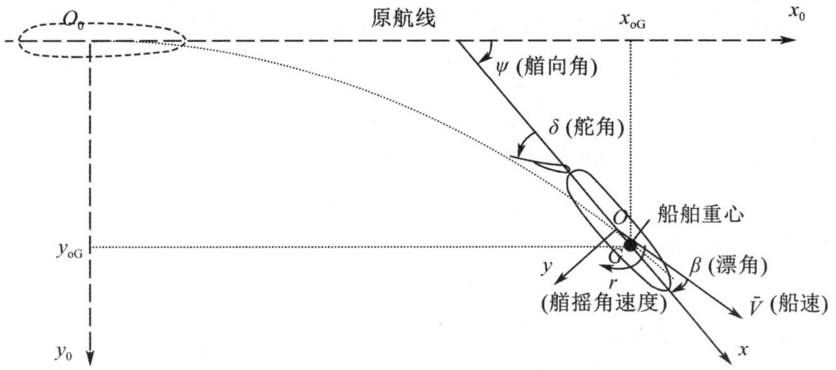


**图 6.17　船模运行轨迹**

运动坐标系 $Gxyz$ 是以船舶重心位置 $G$ 为原点,固定于船体上的坐标系,其中,$x$ 轴向艏为正,$y$ 轴向右为正,$z$ 轴向下为正。船舶重心处的速度矢量 $V$ 与 $x$ 轴正方向的交角称为漂角 $\beta$,规定由速度矢量转到 $x$ 轴顺时针为正,则可假定外力在 $x$、$y$ 轴的分量为 $X$、$Y$,根据坐标转换得

$$\begin{cases} x_0 = x_{0G} + x\cos\Psi - y\sin\Psi \\ y_0 = y_{0G} + x\sin\Psi + y\cos\Psi \\ z_0 = z \end{cases} \tag{6.60}$$

即

$$\begin{cases} x = (x_0 - x_{0G})\cos\Psi + (y_0 - y_{0G})\sin\Psi \\ y = (x_0 - x_{0G})\sin\Psi + (y_0 - y_{0G})\cos\Psi \\ z = z_0 \end{cases} \tag{6.61}$$

引入 $x'_0 = x_0 - x_{0G}$,$y'_0 = y_0 - y_{0G}$,$z = z_0$,可得

$$\begin{cases} x'_0 = x\cos\Psi - y\sin\Psi \\ y'_0 = x\sin\Psi + y\cos\Psi \\ z'_0 = z \end{cases} \tag{6.62}$$

或

$$\begin{cases} x = x'_0\cos\Psi + y'_0\sin\Psi \\ y = -x'_0\sin\Psi + y'_0\cos\Psi \\ z = z'_0 \end{cases} \tag{6.63}$$

最后推得

$$\begin{cases} X = X_0\cos\Psi + Y_0\sin\Psi \\ Y = Y_0\cos\Psi - X_0\sin\Psi \\ \dot{x}_{0G} = u_G\cos\Psi - v_G\sin\Psi \\ \dot{y}_{0G} = u_G\sin\Psi + v_G\cos\Psi \end{cases} \tag{6.64}$$

式中,$u_G$、$v_G$ 为中心处瞬时速度 $V$ 在 $x$、$y$ 轴的分量。

再将式(6.64)中后两式两边对时间求导,得

$$\begin{cases} \ddot{x}_{0G} = \dot{u}_G\cos\Psi - u_G\dot{\Psi}\sin\Psi - \dot{v}_G\sin\Psi - v_G\dot{\Psi}\cos\Psi \\ \ddot{y}_{0G} = \dot{u}_G\sin\Psi + u_G\dot{\Psi}\cos\Psi + \dot{v}_G\cos\Psi - v_G\dot{\Psi}\sin\Psi \end{cases} \tag{6.65}$$

把式(6.59)中的前两式和式(6.65)代入式(6.64),经过整理,可得

$$\begin{cases} X = m(\dot{u}_G - v_G\dot{\Psi}) \\ Y = m(\dot{v}_G + u_G\dot{\Psi}) \end{cases} \tag{6.66}$$

由于绕 $G$ 点的力矩方程与固定坐标系一样,仍为

$$N = I_z\Psi + mx_G(\dot{v} + u\dot{\Psi}) \tag{6.67}$$

这样就可得原点位于船舶重心的运动坐标系的船舶运动方程:

$$\begin{cases} X = m(\dot{u} - vr - x_G r^2) \\ Y = m(\dot{v} + ur + x_G r^2) \\ N = I_z\dot{r} + mx_G(\dot{v} + ur) \end{cases} \tag{6.68}$$

通过上述的准备工作,就可以推出船舶操纵性的线性方程。

由于船舶某时刻 $t$ 的运动参数是唯一确定的,即

$$\begin{cases} X = X(u,v,r,\dot{u},\dot{v},\dot{r},\delta) \\ Y = Y(u,v,r,\dot{u},\dot{v},\dot{r},\delta) \\ N = N(u,v,r,\dot{u},\dot{v},\dot{r},\delta) \end{cases} \tag{6.69}$$

且 $u_0 = U, v_0 = 0, r_0 = 0, \dot{u}_0 = 0, \dot{v}_0 = 0, \dot{r}_0 = 0, \delta_0 = 0$ ,用泰勒级数将式(6.69)展开得

$$X = X_0 + \frac{X}{u}(u - U) + \frac{X}{v}v + \frac{X}{r}r + \frac{X}{\dot{u}}\dot{u} + \frac{X}{\dot{v}}\dot{v} + \frac{X}{\dot{r}}\dot{r} + \frac{X}{\delta}\delta +$$
$$\frac{1}{2!}[(u - U) + v + r + \dot{u} + \dot{v} + \dot{r} + \delta]^2 X + \cdots +$$
$$\frac{1}{n!}[(u - U) + v + r + \dot{u} + \dot{v} + \dot{r} + \delta]^n X + \cdots$$

$$Y = Y_0 + \frac{Y}{u}(u - U) + \frac{Y}{v}v + \frac{Y}{r}r + \frac{Y}{\dot{u}}\dot{u} + \frac{Y}{\dot{v}}\dot{v} + \frac{Y}{\dot{r}}\dot{r} + \frac{Y}{\delta}\delta +$$
$$\frac{1}{2!}[(u - U) + v + r + \dot{u} + \dot{v} + \dot{r} + \delta]^2 Y + \cdots +$$
$$\frac{1}{n!}[(u - U) + v + r + \dot{u} + \dot{v} + \dot{r} + \delta]^n Y + \cdots$$

$$N = N_0 + \frac{N}{u}(u - U) + \frac{N}{v}v + \frac{N}{r}r + \frac{N}{\dot{u}}\dot{u} + \frac{N}{\dot{v}}\dot{v} + \frac{N}{\dot{r}}\dot{r} + \frac{N}{\delta}\delta +$$
$$\frac{1}{2!}[(u - U) + v + r + \dot{u} + \dot{v} + \dot{r} + \delta]^2 N + \cdots +$$
$$\frac{1}{n!}[(u - U) + v + r + \dot{u} + \dot{v} + \dot{r} + \delta]^n N + \cdots$$

为了简化公式,一般认为

$$\frac{X}{u} = x_u, \frac{X}{v} = x_v, \frac{X}{r} = x_r, \frac{X}{\dot{u}} = x_{\dot{u}}, \frac{X}{\dot{v}} = x_{\dot{v}}, \frac{X}{\dot{r}} = x_{\dot{r}}, \frac{X}{\delta} = x_\delta, \cdots$$

由此,将式(6.68)线性化后,得

$$\begin{cases} m\ddot{u} = X_u\Delta u + X_{\dot{u}}\dot{u} \\ m(\dot{v} + u_1 r) = Y_v v + Y_{\dot{v}}\dot{v} + Y_r r + Y_{\dot{r}}\dot{r} + Y_\delta\delta \\ I_{zz}\dot{r} = N_v v + N_{\dot{v}}\dot{v} + N_r r + N_{\dot{r}}\dot{r} + N_\delta\delta \end{cases} \tag{6.70}$$

或写成

$$\begin{cases}(m - X_{\dot{u}})\dot{u} - X_u\Delta u = 0 \\ (m - Y_{\dot{v}})\dot{v} - Y_v v - Y_{\dot{r}}\dot{r} + (mu_1 - Y_r)r = Y_\delta\delta \\ - N_{\dot{v}}\dot{v} - N_v v + (I_{zz} - N_{\dot{r}})\dot{r} - N_r r = N_\delta\delta\end{cases} \tag{6.71}$$

即为船舶操纵运动线性方程组。

### 6.3.2　自由自航船模试验

自由自航船模试验通常在露天水池、天然湖泊或室内操纵性水池中进行，船模本身装有螺旋桨、舵及相应的动力系统和控制系统，可以模仿实船在水池中自由航行。这个试验应该满足几何和质量相似、运动相似、动力相似。几何和质量相似即船模和实船应具有同样的几何形状、无因次质量、无因次重心位置和无因次转动惯量；运动相似是指实船和船模应具有相同的无因次线速度、角速度、线加速度和角加速度分量，并具有相同的舵角。动力相似为船模与实船具有相同的雷诺数、弗劳德数、空泡数和韦伯数。但是试验很难同时满足上述三个相似要求，只能实现一些主要的相似条件。

(1)几何相似。船模的船体、附体、螺旋桨和舵应与实船几何相似，但实际上，有时采用形状并不完似相似的代用桨，但船模的质量、重心位置和转动惯量均需相似。

(2)运动相似。在操纵性试验中，大部分运动相似条件都可以满足，但螺旋桨和舵的角速度和角加速度很难相似，因船模和实船的主机和舵机种类不同，其外特性不同，在机动过程中转速变化不一样。

(3)动力相似。船模自航试验应满足弗劳德数相同，而船模和实船的雷诺数不可能相等，通常船模试验的雷诺数应大于临界雷诺数，而弗劳德数相等也仅限于直航情况，在机动过程中由于航速的变化很难模拟，弗劳德数无法相等。在试验中也不可能满足船模与实船的空泡数和韦伯数相同。

1. 回转试验

回转试验的目的是测量船舶回转圈，从而确定船舶回转时的各要素。在回转试验中，船舶重心所描绘的轨迹称为回转圈。回转圈是表示船舶回转性能的重要指标。回转圈越小，回转性能越好。

试验通常采用全速直航，操最大舵角和 15°舵角回转，回转分别向左右两舷直至艏向角改变 540°，并测量整个回转圈。由于螺旋桨的尾流作用，左右舷回转试验所测的回转圈是有差别的，而一般的民用船舶多采用右旋，右转舵的回转圈比左转舵大，故如只进行一个方向的回转，应采用右舷回转试验。

回转试验的步骤如下：

(1)保持船舶直线定常航速。

(2)旋回开始前，记录初始船速、航向角及推进器转速等。

(3)发令，迅速转舵到指定的舵角，并维持该舵角。

(4)随着船舶的转向，利用连接到船模上的计算机或 GPS 系统或雷达，连续记录时间、轨迹、航速、横倾角及螺旋桨转数等数据。

(5)在整个船舶旋回中，保持各种控制不变，直至船舶旋回 540°以上，可结束一次试验。

船模在回转试验中的轨迹如图 6.18 所示。

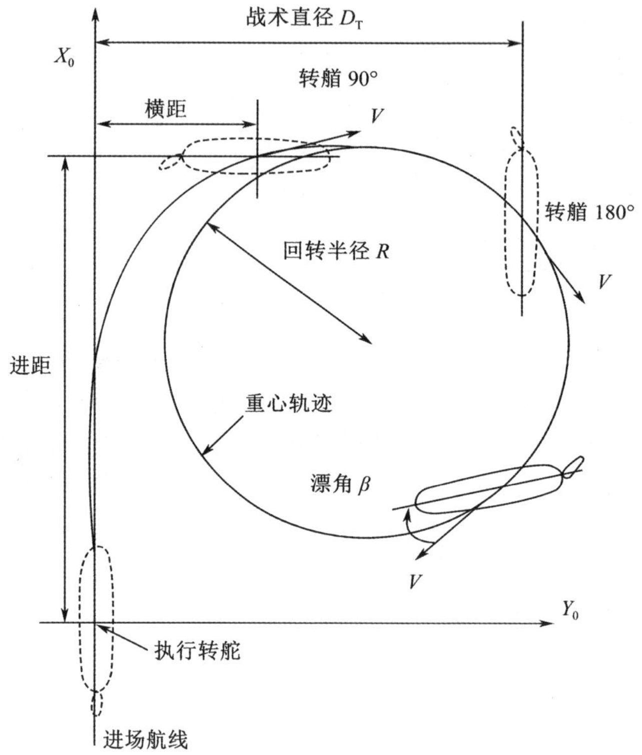


**图 6.18　船模在回转试验中的轨迹**

$$x_{0P} = \int_0^t v\cos\psi \mathrm{d}t$$

$$y_{0P} = \int_0^t v\sin\psi \mathrm{d}t$$

试验后对试验结果的整理方法如下：

(1)记录并绘制航速及艏向角随时间的变化。

(2)计算船舶枢心的轨迹和绘制枢心轨迹图(图 6.19)。

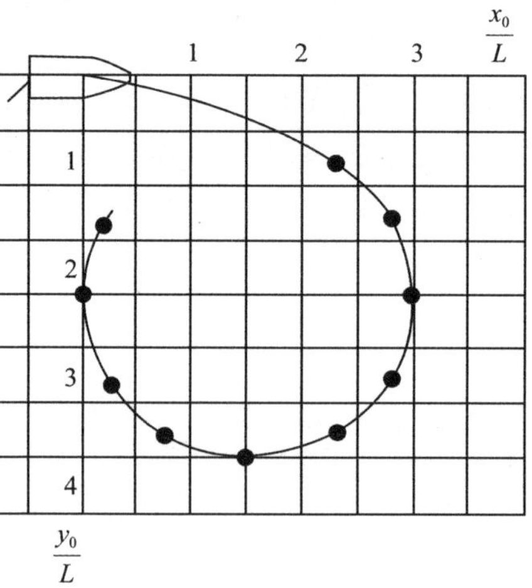


**图 6.19　船舶枢心轨迹图**

(3)由枢心轨迹求取船舶重心轨迹。如图 6.20 所示,用作图法求得船舶的重心轨迹,过枢心轨迹作切线,沿切线截取枢心和中心距离 $PG=0.41$,即假定枢心在中心前 $0.4L$ 处,得到重心轨迹——回转圈。

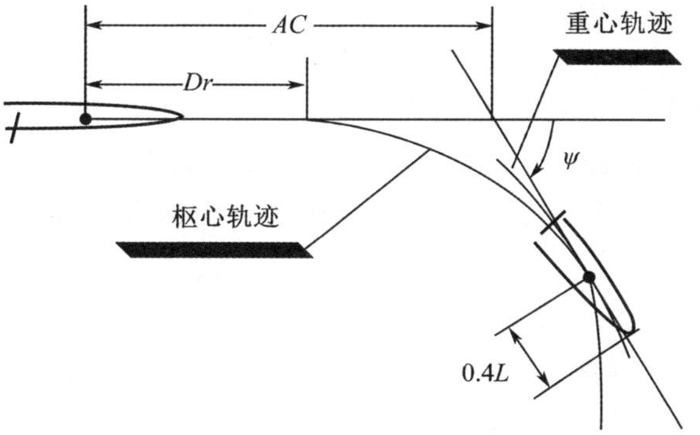


**图 6.20　重心轨迹图**

(4)根据回转圈得到各个回转要素,计算 $K$、$T$ 指数。

2. Z 形操纵试验

Z 形操纵试验是模拟比较小的舵角左右不断地操舵这类操纵。分析该试验结果,可以得到更符合实际操纵的资料。它也是公认的确定 $K$、$T$ 指数的标准方法。

以 10°/10°(分子表示执行舵角,分母表示进行反向操舵时的航向角,称为换舵艏向角)Z 形操纵试验为例,试验步骤如下:

(1)保持船舶直线定常航速,发令之前记录初始船速、航向角及推进器转速等;

(2)发令,迅速转右舵到指定的舵角(10°),并维持该舵角;

(3)船舶开始右转,当船舶航向改变量与所操舵角相等时,迅速转左舵到指定的舵角(10°),并维持该舵角;

(4)当船舶向左航向改变量与所操左舵角相等时,迅速转右舵到指定的舵角(10°或 20°),并维持该舵角;

(5)如此反复进行,操舵达 5 次时,可结束一次试验。

在试验过程中,舵角与艏向角的变化曲线如图 6.21 所示,即为 Z 形操纵试验结果表示形式。其纵坐标为航向角或舵角,横坐标为时间。从图中可直接给出下列特征参数:

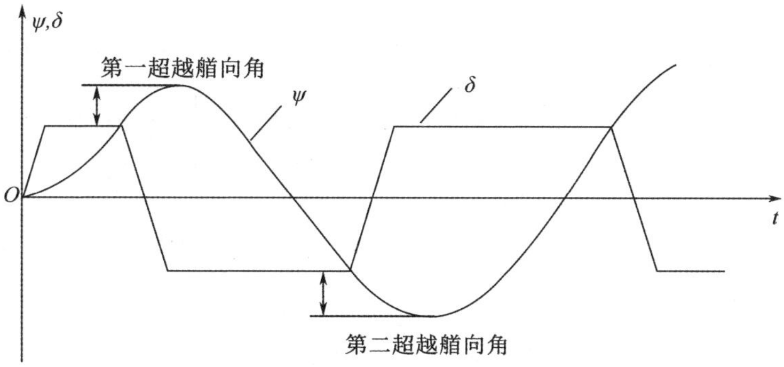


**图 6.21　舵角与艏向角的变化曲线**

(1)超越艏向角(overshoot angle)

超越艏向角指每次进行反向操舵后,船首向操舵相反一侧继续转动的增加值。可见,超越艏向角是从航向变化量方面对船舶转动惯性的一种度量。超越艏向角越大,船舶转动惯性越大。一般用第一超越艏向角和第二超越艏向角作为衡量船舶惯性的参数。

(2)达到执行时间(overshoot time)

达到执行时间指每次进行反向操舵时刻起至船首开始向操舵一侧转动的时刻之间的时间间隔。达到执行时间是从时间方面对船舶转动惯性的一种度量。达到执行时间越长,船舶转动惯性越大。一般用第一达到执行时间和第二达到执行时间作为衡量船舶惯性的参数。

3. 螺线试验

螺线试验的目的是评价船舶的直线稳定性或回转的稳定性,它是由迪德在20世纪40年代提出的。

试验方法:

(1)保持船舶直线定常航速,操舵开始前,记录初始船速、航向角及推进器转速等;

(2)发令,迅速转舵到右舷指定的舵角,并保持该舵角,使船舶进入回转状态;

(3)待旋回角速度达到定常值时,记录相应的角速度 $r$ 和舵角 $\delta$;

(4)将舵角逐渐减小,再重复测量角速度 $r$ 和舵角 $\delta$,以25°舵角为例,依次改变舵角从右25°→右20°→右15°→右10°→右5°右3°→右1°→→0°→左1°→左3°→左5°→左10°→左15°→左20°→左25°→左20°→左15°→左10°→左5°→左3°→左1°→0°→右1°→右3°→右5°→右10°→右15°→右20°→右25°,舵角变化一周,回到开始值时,可结束一次试验。

根据试验结果绘制 $r-\delta$ 曲线,图6.22(a)为直线稳定船的 $r-\delta$ 曲线,图6.22(b)为直线不稳定船的 $r-\delta$ 曲线。图6.22(a)中 $r$ 与 $\delta$ 具有单值关系,则船舶具有航向稳定性;图6.22(b)中 $r$ 与 $\delta$ 不具有单值关系。在舵角处于 $a$、$b$ 之间时,角速度在 $c$、$d$ 之间,$r$ 与 $\delta$ 关系构成一个回环,通常称为螺旋试验的滞后环。在滞后环范围内,舵角由右舵变化到0时,对应的角速度不等于0,而为 $c$ 点之值,船舶仍然向右转动。而当舵角变为左舵时,只要 $\delta<a$,船舶仍然具有右转的角速度。这就是常说的反操现象。直到 $\delta$ 达到 $a$ 时,船舶突然开始向左转向,然后进入正常的左舵左转状态。反之,船舶从左向右变化时,又重复上述过程。滞后环的宽度和高度是衡量船舶运动稳定性的标志,在滞后环以外,船舶运动是稳定的。

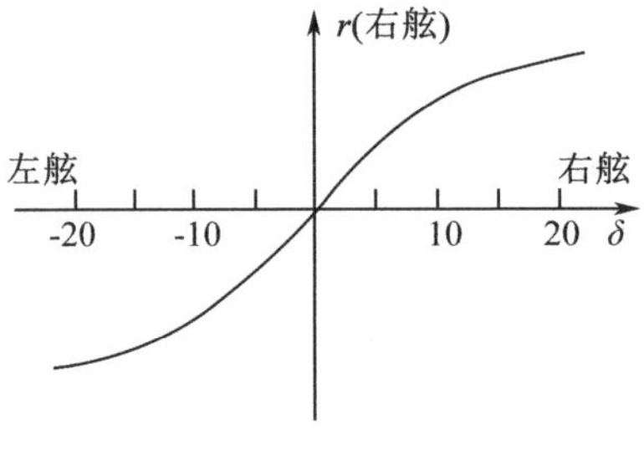


(a)直线稳定船的 $r\sim\delta$ 曲线

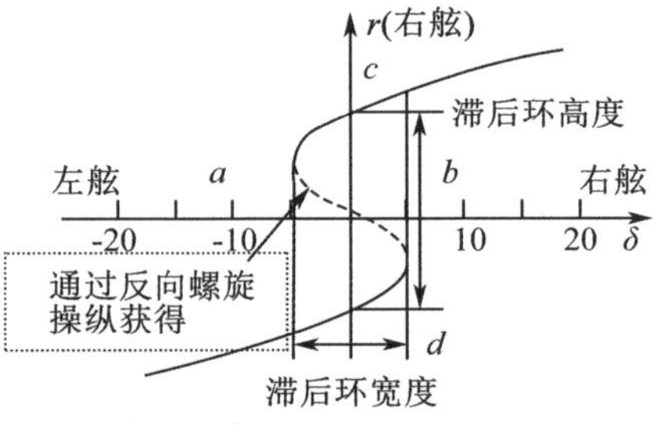


(b)直线不稳定船的 $r\sim\delta$ 曲线

**图6.22 直线稳定船和直线不稳定船的 $r-\delta$ 曲线**

4. 停船试验

停船试验是指船舶在试验速度时，进行全速倒车，直至船舶对水完全停止的试验。其目的是评价船舶的停止惯性。

(1) 试验方法

①保持船舶直线定常航速；发令之前记录初始船速、航向角及推进器转速等；

②发令，将主机由全速进车转为全速倒车；

③船舶开始减速，当船舶对水速度为0时，可结束一次试验。

停船试验结果可以图6.23的形式表示。其纵坐标为距离，横坐标也为距离。从图中可直接给出所需的特征参数。

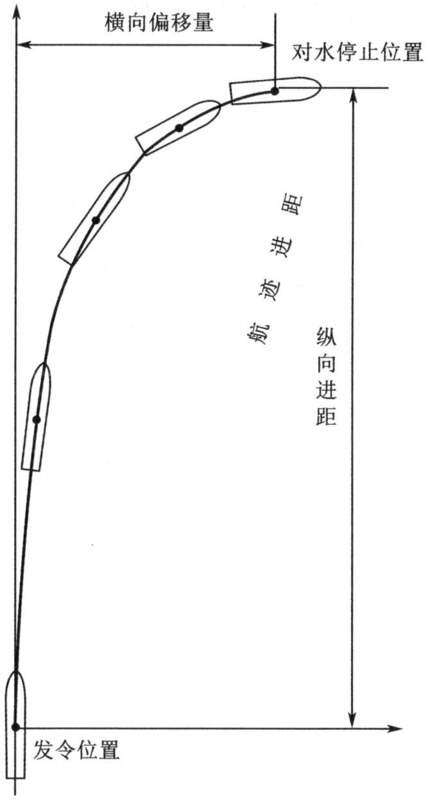


**图6.23　停船试验船舶轨迹图**

5. 回舵试验

回舵试验是一种简便的鉴别船舶直线运动稳定性的方法。

试验步骤如下：

(1) 操20°左右的舵角，使舵达到正常回转；

(2) 然后以最快的速度操舵回到零舵角，同时记录回转角速度随时间的变化，直至进入定常状态。

如果船是直线稳定的，则回转角速度应衰减为零，即试验船不再转动，如图6.24(a)所示；如果船为直线运动不稳定，则船舶将进入另一定常回转角速度回转，如图6.24(b)所示。

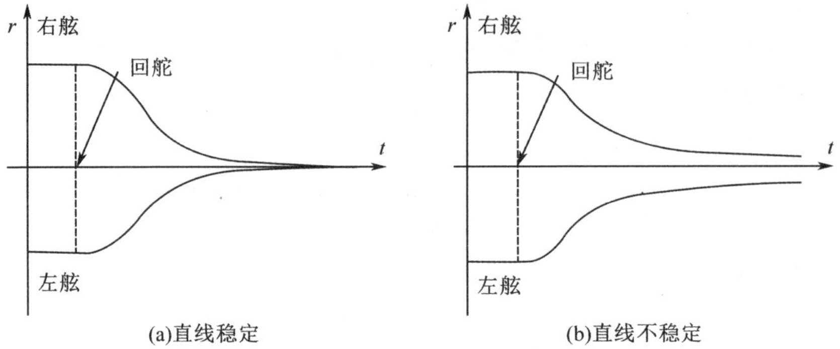


**图 6.24　回转试验中回转角速度衰减曲线**

## 6.3.3　约束船模试验

自由自航试验可以很方便地确定船舶操纵性指数，但是它只能得到船舶操纵性的综合评价，不能辨识较为复杂的数学模型或各种流体动力现象，不能较精确地确定操纵运动方程中各项流体动力系数，不易正确预报船舶操纵性的各种问题，且无法避免尺度效应，于是出现了约束模试验，它是测定数学模型中水动力系数比较可靠的方法。它是在基准运动上叠加一个或两个扰动运动，定量地改变其扰动量，测出由此扰动所引起的作用于船模上的水动力，得到扰动运动的水动力系数。

同样的，约束船模试验所用的船模也应满足几何相似条件，存在因不能全部满足动力相似所引起的尺度效应。但是试验所求得的是水动力导数而不是水动力本身。实践证明，水动力导数的尺度效应比水动力小得多，故通常认为由约束船模试验得到的水动力导数无因次化值，可直接用于实船。

1. 直线拖曳试验

该试验在普通的长拖曳水池中即可进行，用于测得船模的速度系数、舵系数和耦合系数。

如图 6.25 所示的试验装置，将船模斜置，与拖曳方向成一漂角 $\beta$，拖车以速度 $V$ 前进，不断改变漂角 $\beta$，利用贴在船模表面的测力传感器测得拖曳过程中作用于船模的横向力 $Y$ 和转艏力矩 $N$，可绘制出横向力与横向力速度、转艏力矩与横向速度的关系曲线如图 6.26 所示。

同样的，也可测得船舶的舵导数。只需在漂角 $\beta = 0$ 下，改变舵角 $\delta$，匀速拖动船模，将测得的力和力矩绘成曲线，如图 6.27 所示，从而求得舵导数 $Y_\delta N_\delta$ 即为曲线原点的斜率。

直线拖曳试验还能测定耦合水动力导数和非线性水动力导数。只需改变漂角 $\beta$，每一漂角下再设置不同的舵角 $\delta$，则可得到 $\nu$ 和 $\delta$ 的耦合水动力导数。但是在具体水洞动力导数时，一般不用绘图求切线的方法，而用回归分析法，具体方法在本章不详述。

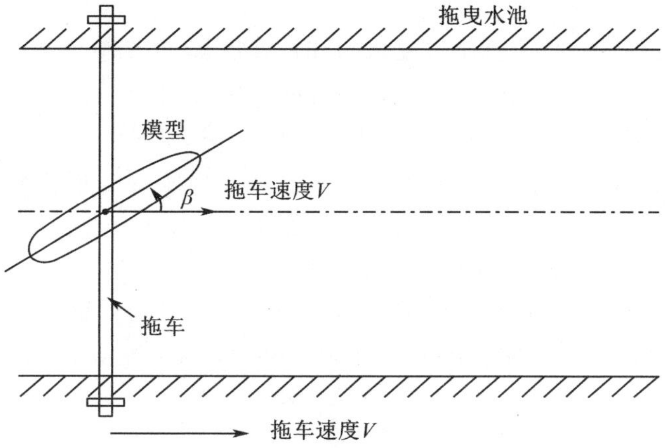


**图 6.25　直线拖曳试验装置图**

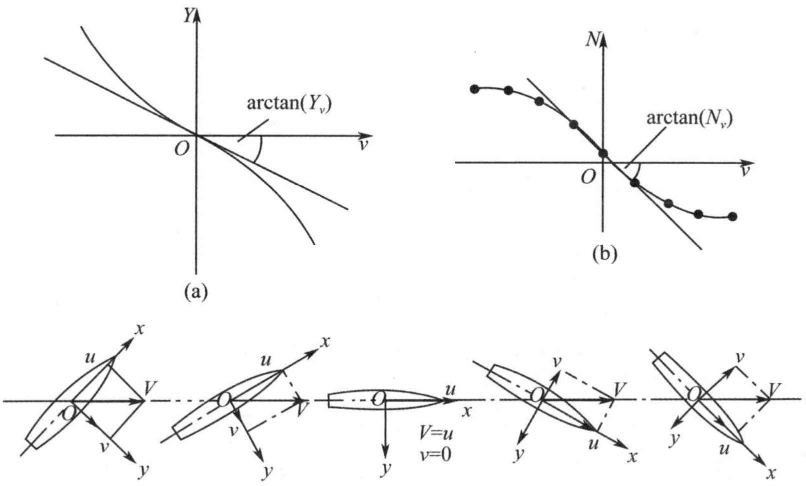


**图 6.26　横向力与横向力速度、转艏力矩与横向速度的关系曲线**

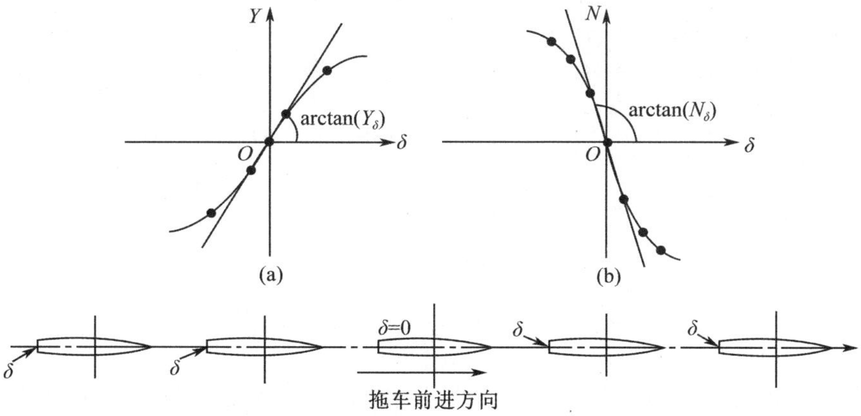


**图 6.27　改变舵角的力与力矩变化曲线**

2. 回转臂试验

回转臂试验的主要目的是测量角速度系数和角速度耦合系数,需在专门的回转水池中进行。回转水池的回转臂以不同的角速度匀速绕回转轴旋转,且易知试验中需满足模型尺度与实船的弗劳德数相等,雷诺数应大于临界值。试验装置如图 6.28 所示,回转臂水池由池体、回转轴、回转臂、驱动设备和模型的安装架及测量设备等组成。池体多为圆形,回转臂受驱动设备驱动,能以各种角速度匀速绕回转轴回转,其另一端安装模型及测量设备。模型可以安装成与回转臂成各种角度被拖曳沿水平而匀速回转。在拖曳过程中由测力天平或测力传感器测出回转臂与模型之间的作用力和力矩,然后将试验结果绘制成回转角速度和作用力或力矩曲线,曲线在零点的斜率即为角速度力或力矩导数,如图 6.29 所示。

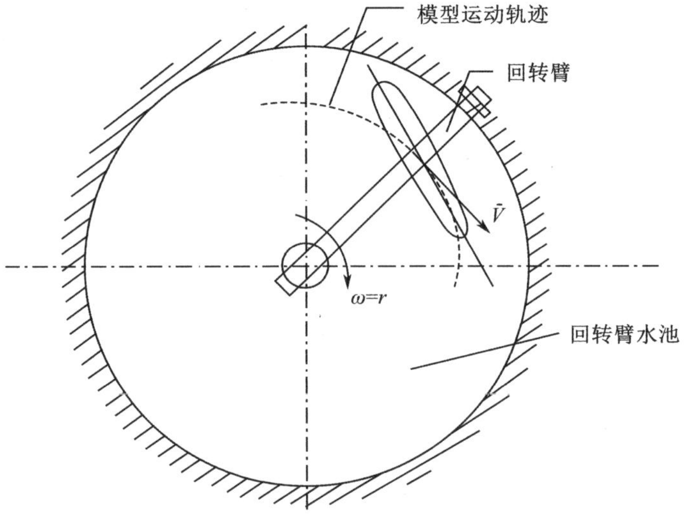


**图 6.28　回转臂试验装置布置图**

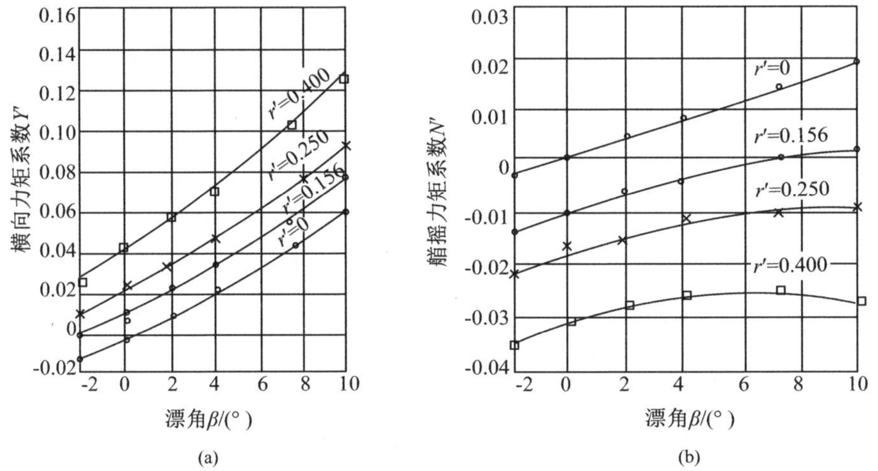


**图 6.29　$Y'$、$N'$ 与 $\beta$ 及 $r'$ 的关系曲线**

回转臂试验还可以测量高阶水动力系数和耦合系数,只需改变模型的漂角和回转半径,就可得到一组水动力和力矩的值,再利用最小二乘回归的方法即可求出水动力系数。

注意,在回转试验中,为了避免模型在自身伴流中运动,要求回转臂的启动、加速和测量必须在一圈内完成。

3. 平面运动机构试验

直线拖曳试验用于测定速度系数和舵系数，回转臂试验测定角速度系数和角速度耦合系数，但却都无法全部测定所需的水动力系数。于是，在 1957 年古德曼和格特勒首先设计了平面运动机构，这是一种可在普通水池中进行测定速度系数、角速度系数、加速度系数和耦合系数的设备。在试验时，将平面运动机构的振荡机构安装在船模试验水池的拖车上，与拖车一起运动。振荡杆下端铰接在船模上，使船模重心处于两杆中间，然后调节振荡杆的振幅、相位、频率与拖车速度，得到所需的运动状态（运动轨迹如图 6.30 所示）。然后通过测力数据系统将测得的流体动力进行处理，最终得到所需的相应线性水动力系数。

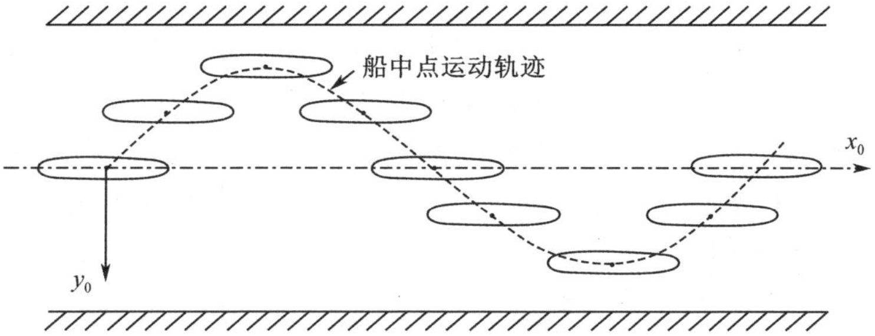


(a)纯升沉运动

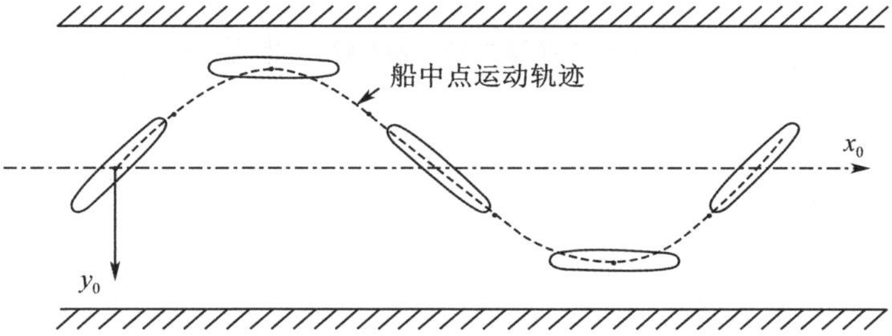


(b)纯俯仰运动

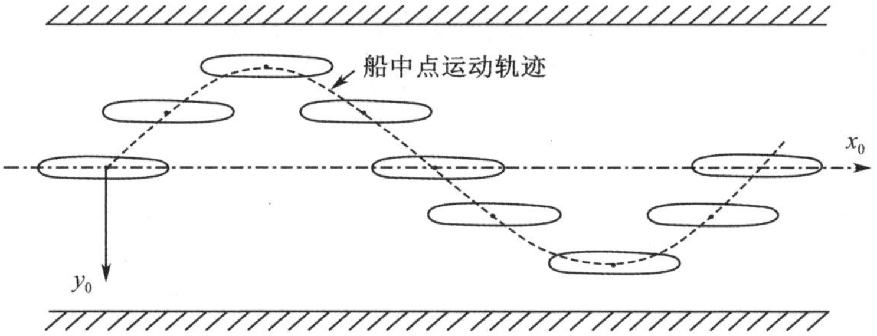


(c)纯横摇运动

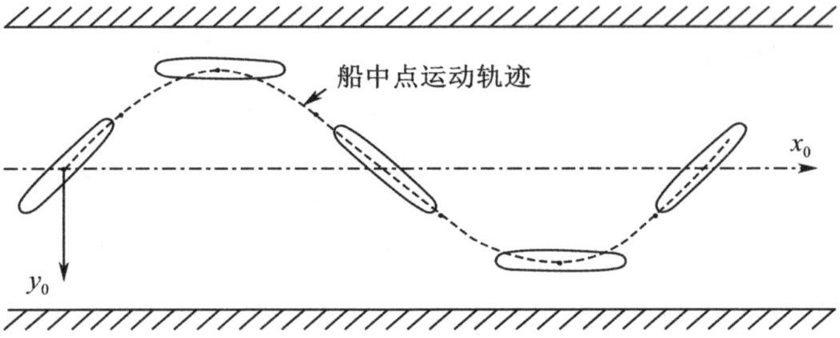


(d)纯摇艏运动

**图 6.30　小振幅平面运动试验运动轨迹图**

由上可知,小振幅平面运动机构试验只能求取线性的水动力系数,但在实际的船舶操纵性研究中,需求得包括非线性和耦合系数在内的众多水动力系数,故需采用大振幅平面运动机构。以纯横荡试验为例,需等速拖曳船模,船模保持与水池中心线水平,摇艏机构锁住船模,使其漂角为零,船模重心呈正弦振荡,两者频率相同,相位差为 90°,此时船模中心线总是与其重心的路径相切。然后通过测力系统获得作用于该船模的各个水动力导数。值得注意的是,在该试验中,虽然船模运动是正弦振荡但作用于船模的流体动力不呈现简谐变化规律。另外,当船模做大幅度纯摇艏运动时,其摇艏角、摇艏角速度和角加速度也不再是简单的正弦函数。

## 6.4　精细流场 PIV 测量试验

### 6.4.1　试验对象

本节以 3600TEU 集装箱船(KCS)为研究对象,其技术参数见表 6.1,介绍其船尾伴流场 PIV 测量方法。

**表 6.1　KCS 船舶模型主要参数**

| 主尺度 | 全尺寸模型 | 试验模型 |
| --- | --- | --- |
| 垂线间长 $L_{pp}$/m | 230.0 | 4.367 1 |
| 型宽 $B$/m | 32.2 | 0.611 4 |
| 吃水 $T$/m | 10.8 | 0.205 1 |
| 湿表面积(无舵)$S$/m$^2$ | 9 530 | 3.435 7(设计状态) |
| 方形系数 | 0.651 | 0.651 |

船模的制作材料为复合材料,内部骨架采用多层胶合板加工制作而成,壳体为玻璃钢,外表面光洁,并喷涂白红聚酯漆,在球鼻艏和 19 站位置粘贴有直径为 1 mm 的激流丝,在模

型左右两侧的首、中、尾部画有水尺。根据试验水池大小以及工况选取模型缩尺比为 $\lambda=52.667$，为了防止测量时船体反光，在模型尾部进行哑光处理。

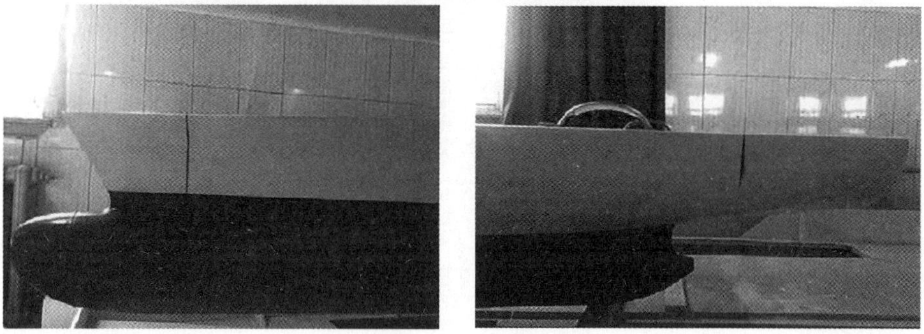

**图 6.31　KCS 模型图**

## 6.4.2　PIV 设备

本次试验采用 DANTEC 随车式水下 PIV 测量系统，如图 6.32 所示，具体设备参数如下：

CCD 分辨率：2 048 pixels × 2 048 pixels；

激光器最大脉冲能量：1 200 mJ；

激光光束持续时间：4 ns；

激光波长：532 ~ 1 064 nm；

片光厚度：0.6 mm；

PIV 示踪粒子：聚酰胺示踪粒子（PSP－50）；

PIV 测量试验数据分析软件：Dynamic Studio V3.41。

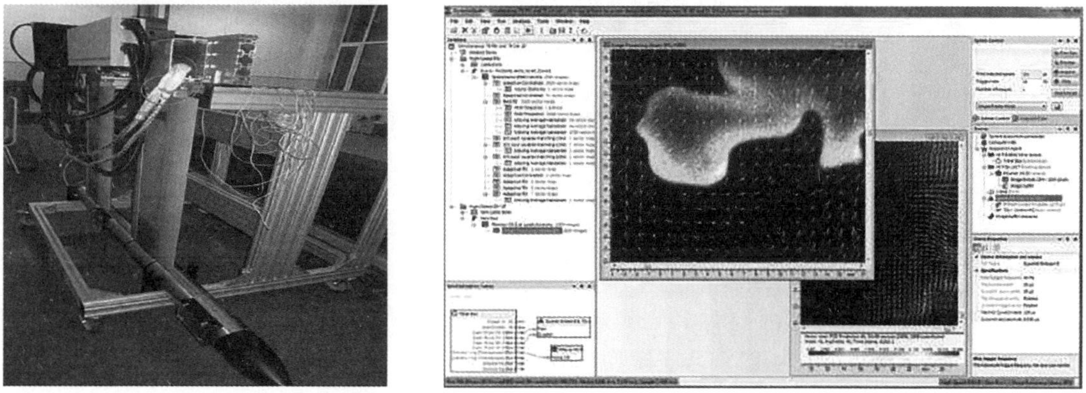

**图 6.32　随车式水下 PIV 测量系统与试验数据分析软件**

## 6.4.3　PIV 精细流场的测量流程

实施的具体方案一般分为四步：

第一步，PIV 精细流场测量准备工作；第二步，进行 PIV 系统标定与示踪粒子播撒；第三步，PIV 精细流场测量；第四步，PIV 测量结果处理。

图 6.33 为随车式水下 PIV 精细流场的测量流程流框图。

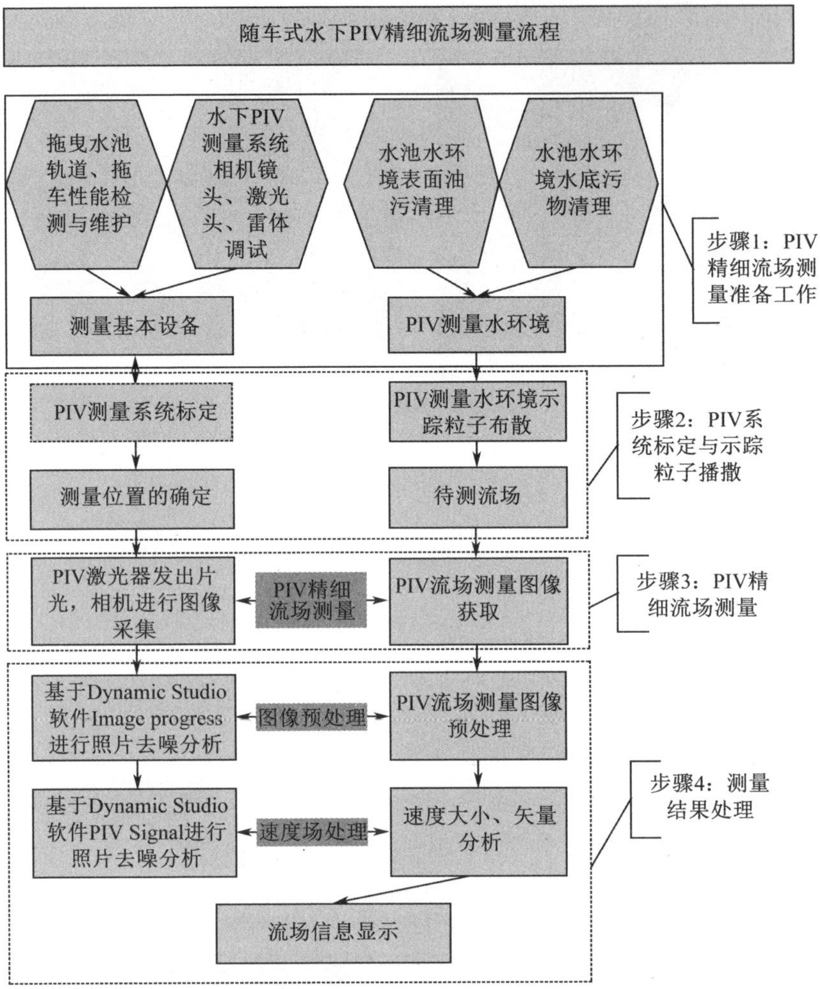


**图 6.33　随车式水下 PIV 精细流场的测量流程流框图**

## 6.4.4　PIV 测量系统标定

进行精细流场测量之前要对 PIV 测量系统进行标定，使图片中像素点信息与长度信息进行关系对应。图 6.34 为 PIV 标定模型示意图。

1. 进行测量切面标定

激光片光由激光雷体发出，照射到标定靶侧壁标定镜并返回红色光线，即认为切面为所测量切面，图 6.35 为测量切面标定图与标定镜。

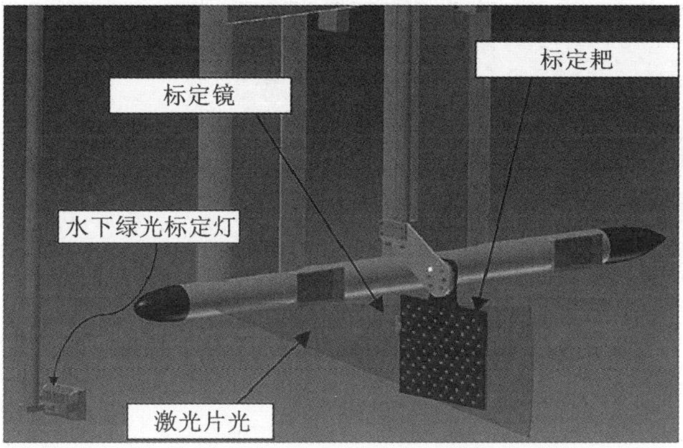


**图6.34　PIV标定示意图**

**图6.35　测量切面标定图与标定镜**

2. 进行测量区域标定

水下激光靶灯开启，雷体双相机调整为单帧模式，对相机光圈、焦距等参数进行调节使标定靶中心荧光点与周围亮度区分明显，并进行拍照，保存为标定图片。图6.36为测量区域标定图，图6.37为相机1与相机2拍摄图片以及标定后坐标图。

**图6.36　测量区域标定图**

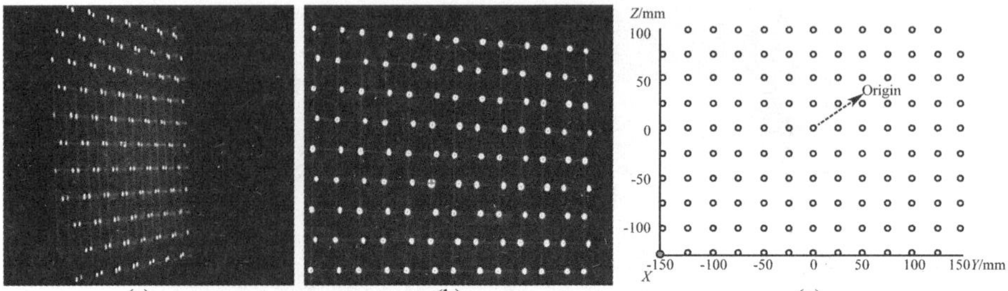


(a) (b) (c)

**图 6.37 相机 1 与相机 2 拍摄图片及标定后坐标**

## 6.4.5 PIV 示踪粒子播撒

示踪粒子问题是拖曳水池随车式 PIV 应用的关键性问题。测量流场中常用示踪粒子的瞬时速度矢量来代替该点处流场的速度矢量。示踪粒子的性能，在化学方面，应该满足无毒、无腐蚀性、稳定的要求。为了保证示踪粒子速度矢量能代替该点处速度矢量，应当保证粒子的流动跟随性。图 6.38 为聚酰胺示踪粒子，图 6.39 为播撒装置示意图及播撒装置。

(a) (b)

**图 6.38 聚酰胺示踪粒子**

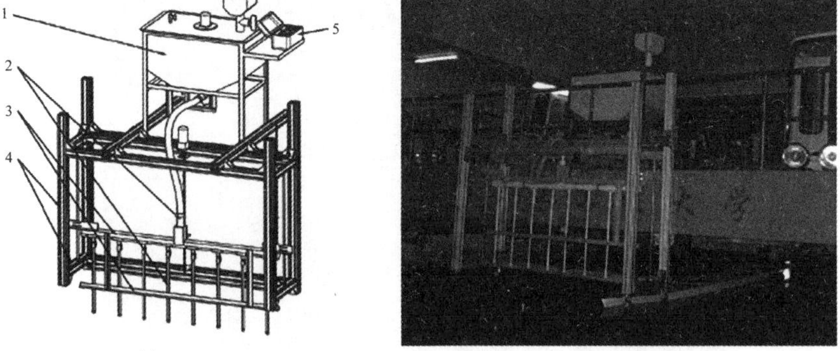


(a) (b)

**图 6.39 播撒装置示意图及播撒装置**

### 6.4.6　船尾伴流场 PIV 测量方法

首先，造波机制造出试验所要求的波形，等待波浪传播到拖车起点处，闭合夹具，由拖车带动船模至设定航速，释放夹具，并通过水下 PIV 进行尾流场测量，然后关闭夹具，减速停车，低速退回到起始位置，待水面平静后进行下一航次的试验。如此反复进行，直至完成整个航速范围内的尾流场测量试验；记录试验当时水温。其中，拖点位于船模重心铅垂线上，高度则位于设计水线面，船模导向方式为首导向杆方式，夹具位于船模后部。图 6.40 为试验设备位置布置图，图 6.41 为船舶精细伴流场测量系统示意图，图 6.42 为进行中的波浪中伴流场试验。

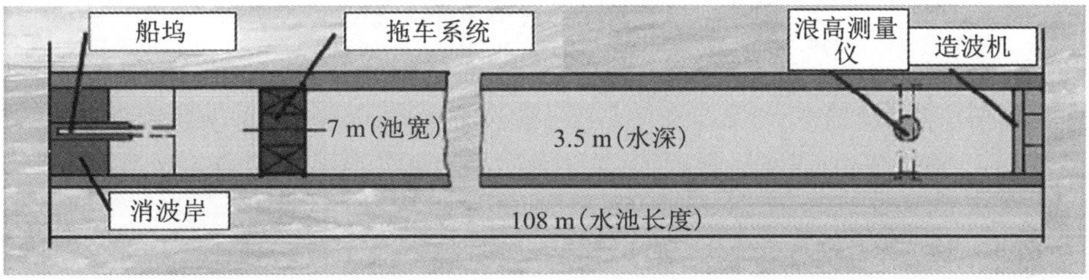


**图 6.40　拖曳水池、造波机、消波岸与拖车位置布置图**

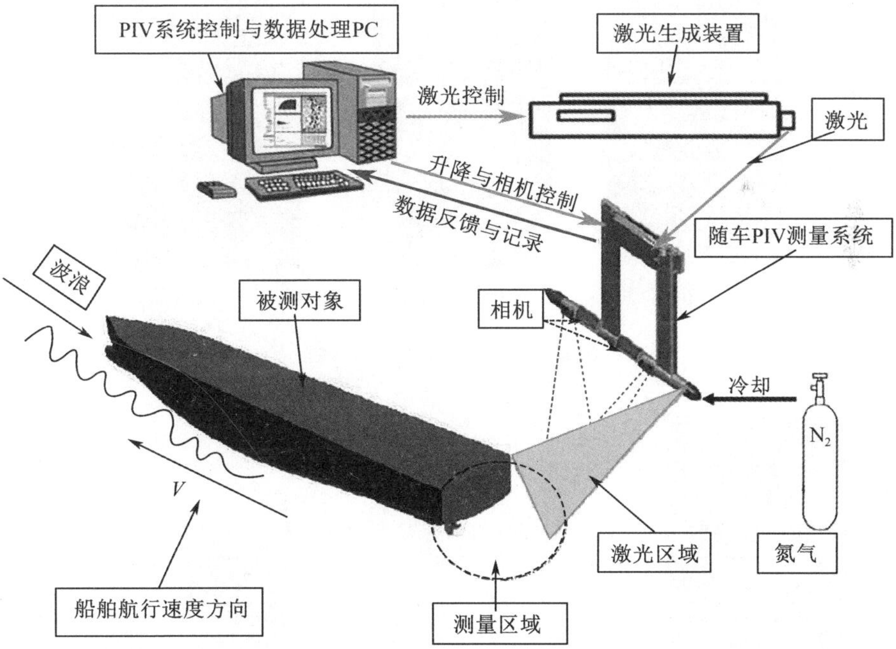


**图 6.41　船舶精细伴流场测量系统示意图**

**图 6.42　进行中的波浪中伴流场试验**

## 6.4.5　PIV 图像数据处理

对多幅双帧照片进行去噪、矢量生成、去除矢量误配，最后合成船舶伴流场，图 6.43 和图 6.44 分别为 PIV 图像处理过程和 PIV 矢量生成过程。

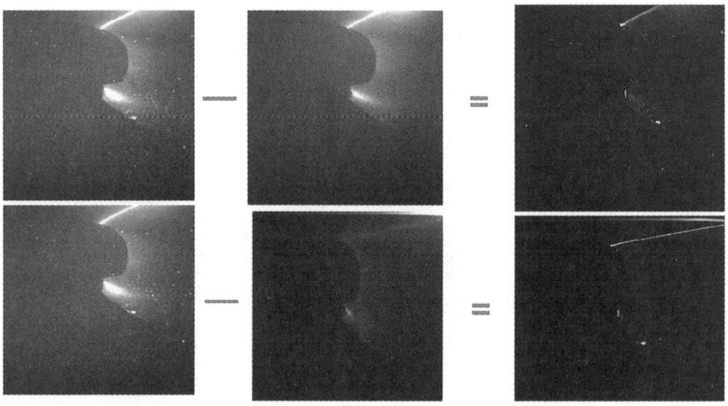

(a)相机1、2原始图像　(b)相机1、去噪背景　(c)相机1、2一对互相关粒子

**图 6.43　PIV 图像处理过程**

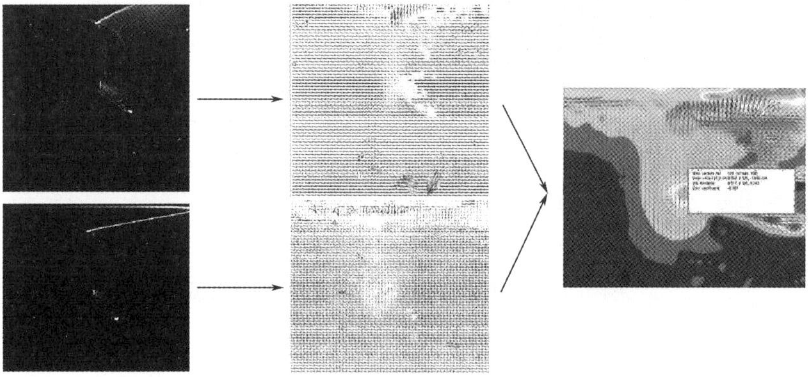

(a)相机1、2一对互相关粒子　(b)相机1、2PIV矢量图相机　(c)1、2合成后船舶尾部伴流场

**图 6.44　PIV 矢量生成过程**

## 6.4.5　PIV 试验结果与分析

船舶在波浪中的伴流场问题十分复杂,因为,船舶以一定速度前进,前进速度可能还会因波浪产生变化,同时波浪还会使船舶产生一定的摇荡运动,二者共同作用下的伴流场显然是复杂的非定常流动。图 6.45 和图 6.46 为不同波浪工况下船尾面伴流场 PIV 测量值,图 6.47 为各工况下轴向速度分布图。

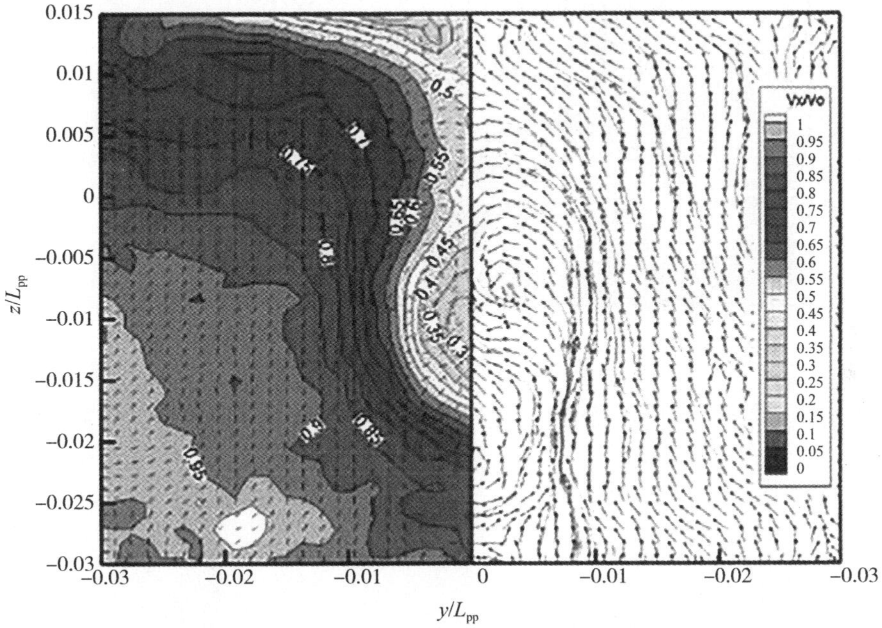


**图 6.45　航速 1.701 m/s 无浪条件时船尾面伴流场(包括流线与速度矢量)**

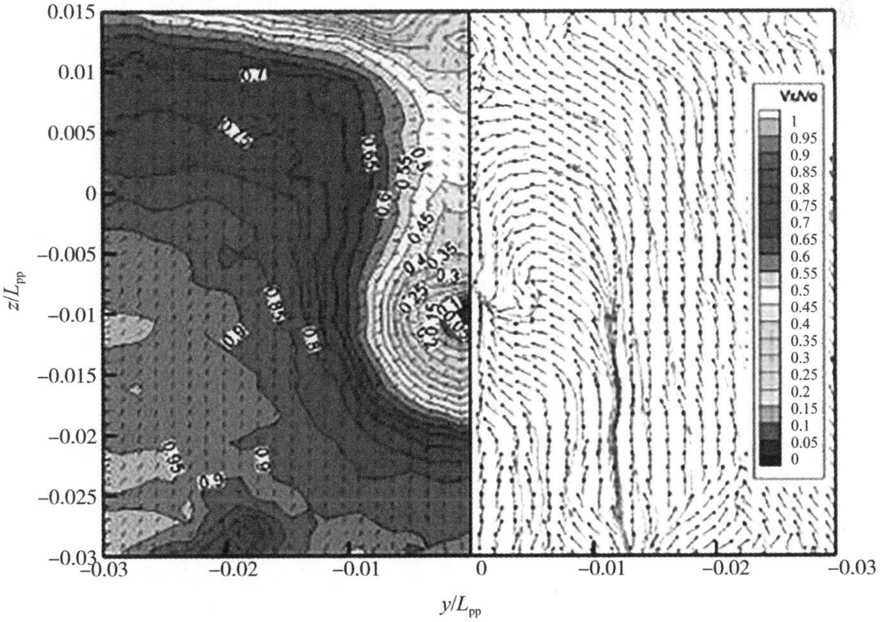


**图 6.46　航速 1.701 m/s 0.25 *L* 波长条件时船尾面伴流场(包括流线与速度矢量)**

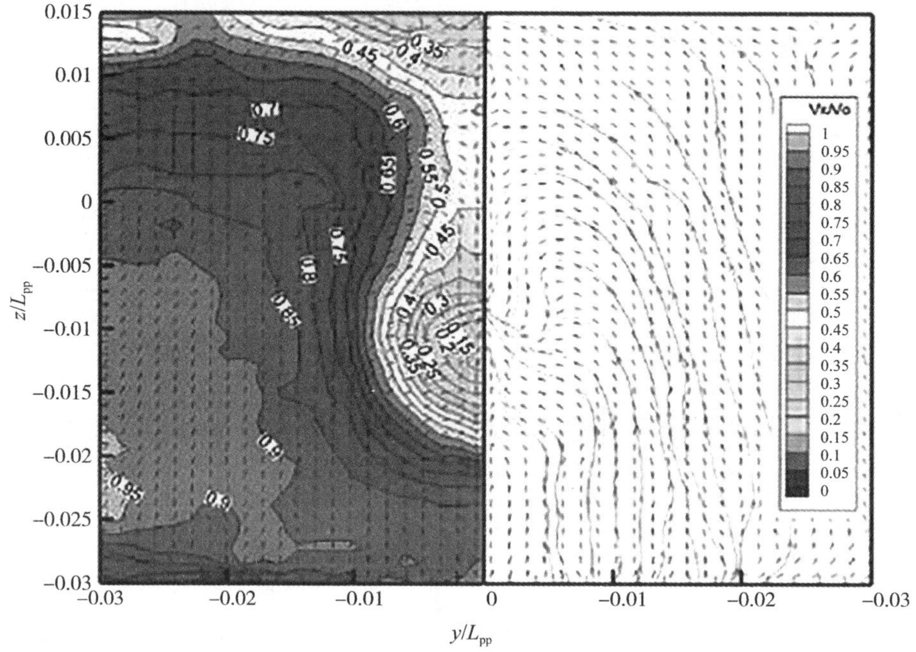


**图 6.47　航速 1.701 m/s 0.5 *L* 波长条件时船尾面伴流场(包括流线与速度矢量)**

# 第 7 章　海洋工程流体力学试验

海洋工程浮体的种类多样，工作方式复杂，由此产生的水动力问题更多，通过模型试验，可以验证数值模拟计算结果，解决实际工作中遇到的难题。常见的海洋工程水动力学试验包括：单浮体模型试验，系泊系统模型试验，动力定位试验，多浮体系泊试验，气隙、甲板上浪与砰击试验，涡激振动试验，自航和拖航过程中的耐波性试验，安装就位试验，解脱和再连接试验等。下面主要就几种典型的海洋工程模型试验进行介绍。

## 7.1　单浮体模型试验

对于各类海洋工程浮体系统模型试验，首先需要对单浮体进行模型试验，得到浮体在静水和波浪作用下的性能，验证浮体模型制作与调试的正确性。单浮体试验主要包括在静水中的模型试验和浮体运动响应 RAO（response amplitude operator，辐频响应算子）试验。

静水中的模型试验如6.2 节所述，主要是浮体在横摇、纵摇和垂荡三个自由度下的自由衰减试验，从而得到相应运动的固有周期、阻尼等参数。

运动响应 RAO 试验不需要制造风和流，常用的方法是将浮体分别置于多个不同周期（频率）的规则波作用下，测量得到浮体的六自由度运动和相关载荷的时历数据。

模型试验时，由于没有系泊系统进行约束，浮体会产生一定的漂移运动，影响测量结果。为了避免浮体的漂移，试验过程中，通常采用具有一定弹性的水平系泊线对浮体进行控制，避免整个系统的慢漂运动对浮体的波频运动产生影响，即通过合理地调整弹簧刚度来控制系统的慢漂运动周期与波频运动周期不同。常用的水平系泊控制系统与6.2 节的图 6.13 类似。其中系泊线和弹簧的选择方法如下：

（1）系泊线材料为细钢丝绳。系泊线需要对称固定在水池边壁的 4 个合适位置，因此其长度需要根据水池的具体尺寸和布局情况来确定。

（2）4 根系泊线的长度、弹性、预张力相同，系泊点对称分布。

（3）系泊线尽量保持水平状态，系泊线在浮体的垂向系泊位置与其重心高度一致。

（4）试验过程中，4 根系泊线要一直保持拉紧状态，即弹簧要处于拉伸状态，不能松弛。

浮体在规则波作用下的试验方法：

（1）确定试验工况，即浪向，以及每一浪向下的波频。一般选择有代表性的 3 ~ 5 个浪向，并且一个浪向下选择 8 ~ 12 个波频进行试验，具体情况需要具体分析。

（2）按照以上工况，依次在水池中制造规则波，待稳定的规则波到达模型后进行各项测量数据的同步记录，获得模型在 10 个以上完整规则波中的数据。

（3）根据测量所得到的波浪及其他数据的时历曲线，便可进行相关分析得到运动和载荷的幅值响应和相位响应等。

可见，要得到准确的 RAO 曲线，需要进行多次不同频率规则波下的试验，试验过程烦琐,耗时较多,而且难以正确捕捉峰值频率。

同样,不规则波作用下也可以得到不同频率下的浮体响应 RAO。模型在不规则波中试验测得的运动参数表现为运动谱的形式,将运动谱与入射波谱进行对比,可以得到对应频率下的 RAO。但是,实际海上的波浪谱是窄带谱,在高频(短波)和低频(长波))段波谱的能量值较小,引起相应的模型运动响应也较小,用两个都是较小的数据相比,得到的 RAO 误差相对很大,准确度降低。为此,研究者们提出了利用白噪声不规则波进行 RAO 试验。

白噪声不规则波浪在实际的海洋环境中并不存在,其特点是在试验研究的频率范围内,造波机生成的波浪的波谱曲线基本上是平直的,因此在白噪声试验中分析得到的 RAO 在相当宽广的频率范围都正确可靠。这样在试验研究过程中,就可以用白噪声波谱不规则波浪中的一次试验代替在一系列规则波中的模型试验,同时试验精度也有较大改善。模拟白噪声不规则波时,需要确定合理的有义波高和波浪频率范围在造波机模拟的最佳范围之内。图 7.1 是某试验中白噪声波谱的目标谱与实际测量谱的结果。

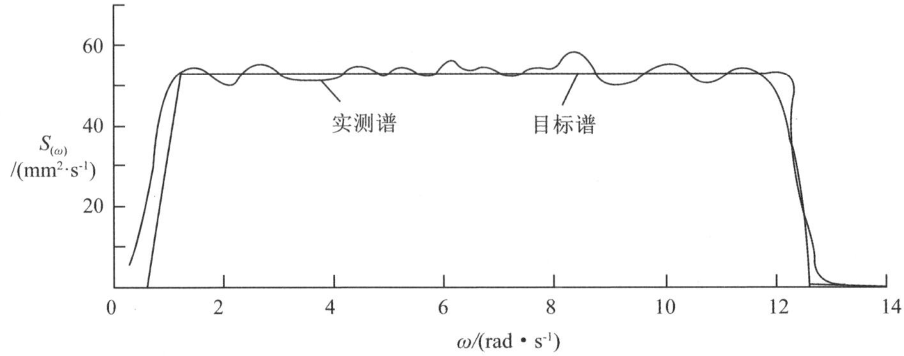


**图 7.1　白噪声波模拟**

RAO 模型试验时,需要根据实际需求和水池造波机的能力,确定采用一系列规则波或者白噪声不规则波模型试验,甚至二者同时采用,并进行互相验证。

# 7.2　浮体系泊系统模型试验

海洋工程各类浮体在海上作业时间长,而且大部分没有动力定位能力,需要靠系泊系统进行定位。浮体系泊系统模型试验是检验浮体总体性能和系泊能力,验证理论分析结果的重要环节。

## 7.2.1　系泊系统模型的准备

系泊系统常分为悬链线式、半张紧式、张紧式三种方式,系泊材料主要是链条、钢缆、纤维材料三类,需要准确模拟。另外,对于 FPSO(floating production storage offloading,浮式生产储存卸货装置)单点系泊系统,软刚臂、悬链式浮筒、转塔结构,也需要进行准确模拟。系泊系统模型是否准确模拟直接决定着整个试验的效果。

对于系泊线模型的准备,需要严格按照几何相似和弹性相似进行制作。

1. 几何相似

对于链条、钢丝绳和新型纤维材料系泊线,选择模型材料时,要选择类似的材质。链条模型通常用微型链条模拟,钢丝绳模型用微型钢丝绳模拟,纤维材料模型可选用软绳或微型钢丝绳模拟。

以上系泊线模型都要满足尺寸相似,模型系泊线的长度和直径都是根据实体系泊线的尺寸严格按照缩尺比计算得到。同时,系泊线模型的单位长度质量也要满足质量相似要求,如果选择的材料不能满足要求,可选择较轻的材料,这样质量不足的部分可以通过在系泊线模型上进行额外配重,以满足模型质量的要求。如,选择细软的保险丝、微小的铅封等,均匀离散地固定在系泊线的合适位置,并且不影响系泊线的拉伸扭转。

2. 弹性相似

系泊线模型还要满足弹性相似,系泊线拉力与伸长变形(应变)之间的计算公式为

$$\frac{F}{\Delta l} = \frac{EA}{l} \text{或} \frac{\Delta l}{l} = \frac{F}{EA} \tag{7.1}$$

式中　$l$——系泊线长度;

$\Delta l$——受到拉力 $F$ 后的伸长;

$\frac{\Delta l}{l}$——应变;

$E$——弹性模数;

$A$——系泊线截面积;

$EA$——系泊线截面刚度。

但是,根据前述几何相似选用的系泊线模型的弹性系数如果不能满足要求,可在模型系泊线上配接合适的弹性系数和长度的弹簧,但应注意两点:①模型系泊线加上弹簧后的长度和系泊线的总质量要与实物系泊线的长度和总质量几何相似;②配接的弹簧在试验范围内受力后的变形伸长,必须在弹性恢复的范围之内。

系泊线通常由多段组成,或者中间连接有浮筒和重块,这都需要根据实际情况按以上原则进行模拟。对于每段系泊线,都要分别进行几何相似、配重和弹性模拟,满足要求后再将各段串接起来。浮筒和重块可选择小型重块或浮筒、浮球等进行模拟。图 7.2 是系泊线模型。

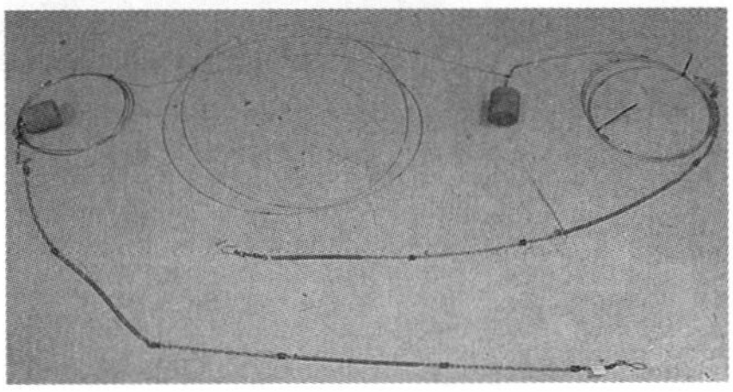

(a)

(b)

7.2　系泊线模型

软钢臂单点系泊系统模型需要按规定的缩尺比,参照实物的设计图纸进行制作。除固定在海底的钢架和 FPSO 首部的支架外,其余软刚臂、吊杆及各个运动和转动连接结构都比较复杂,精度要求很高,模型制作所用的钢管、接头及连接机构等材料都要经过精细加工,各种尺寸需仔细校核后进行装配。由于试验中需要测量各连接机构处的受力情况,在模型

制作时应考虑安装与之配套的测力传感器。在完成模型的制作后,还要精确地模拟质量、重心位置及质量的分布情况。

悬链式浮筒模型需要按照几何相似进行加工制作,浮筒的质量、重心位置以及惯量等参数需在模型内用调节压载的方法进行模拟。模型制作的精度以及浮筒的吃水误差以不超过 1 mm 为标准。

转塔式系泊可分为外转塔式和内转塔式两种。外转塔伸到船体外部,对船体结构不造成影响,其设计与上述软刚臂系统的设计类似。内转塔装置模型的制作与模拟则要求十分精细,加工的精度要求很高,使 FPSO 与转塔之间能够自由旋转并承受系泊载荷。转塔模型可根据实际情况进行仔细设计,主要组成部分一般包括转轴、突出在 FPSO 船体下端用来悬挂系泊线的转盘、连接转轴与底部转盘的轴承、水密套筒(上部与 FPSO 甲板固定连接)。转塔的大部分内嵌在 FPSO 的月池内,如图 7.3 所示。同时,为了测量转塔受到的力和力矩,通常在转轴下部还要放置精密的三分力天平,安装位置可根据具体情况进行合理设计,保证连接的牢固性和测量仪器的水密性。模型加工时,底部的转盘及突出在 FPSO 船体下部的部分必须按几何相似制作,而其余部分一般不必按实体的外形制作,也不需要调节质量、重心等参数,与船体一起调整即可。

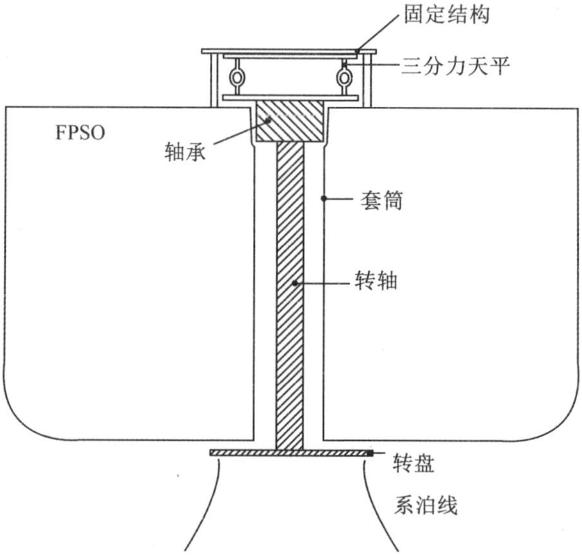


(a)

(b)

**图 7.3　转塔模型**

## 7.2.2　系泊线锚点的固定

系泊线锚点位置需要严格按照相似准则在池底进行布局。但是,由于海洋工程水池深度较大,只能由专业的潜水员在池底进行系泊线的固定,操作难度较大,锚点位置的精确度很难保证。因此,采用大面积升降假底是最好的选择。试验步骤如下:

(1)将假底升至水面,干燥后用油漆画线做好各系泊线锚点的标记;

(2)如果有不同的系泊试验方案,分别在假底上做好标记,可以方便模型转向;

(3)将试验用的系泊线底端按顺序分别固定在假底上；

(4)连接完毕，将假底下放到试验所需深度；

(5)每根系泊线顶端系上浮子，并按编号进行标记，以便于后续与浮体的连接工作。

### 7.2.3　系泊线预张力的调整

系泊线的预张力是系泊系统处于初始平衡状态，无环境载荷作用时，每根系泊线的受力。因此，系泊系统连接完毕，首要任务就是检查每根系泊线模型的预张力正确，这也是后续试验成功的保障。试验步骤如下：

(1)浮体模型置于预定的平衡位置，水面平静；

(2)在拖车上用夹紧装置将浮体模型固定；

(3)对每根系在模型上的系泊线适当张紧或者松开，使数据采集系统采集到的拉力恰为规定的预张力值；

(4)对所有的系泊线逐一进行调节，如有差异，则需对长度进行反复微调，直到满意为止。

### 7.2.4　系泊系统静水特性试验

系泊系统调试完毕，需要进一步对整个系统在静水中进行试验，包括自由衰减试验和水平刚度试验两部分。

由系泊系统自由衰减试验可以得到浮体运动的固有周期及无因次阻尼系数。

由系泊系统的水平刚度试验可以得到在外加静力作用下浮体的位移－受力变化曲线，从而验证模型试验对实际系泊系统进行模拟的准确性。试验方法如下：

(1)对单根系泊线的水平刚度特性进行校核试验。在系泊线的顶端施加一定的水平外力，测量相应的系泊线张力，多次变更外力的大小，便可得到系泊线的张力随位移变化的特性曲线，与目标值进行比较，如果一致，即可继续进行试验，否则需寻找原因，重新进行试验。

(2)对整个系泊系统进行水平刚度校核试验。以纵向为例：先使整个系统处于平衡位置，然后在模型的中纵剖面上向后施以一定的拉力。待整个系统静止后测量模型向后移动的距离，多次改变拉力大小，可以得到模型相应的位移，于是得到整个系统的受力－位移特性曲线。

(3)将结果和理论曲线做比较，如达到要求即可进入下一步。

刚度测试时，通常还需要考虑其他不同的方向，试验步骤和内容与上述的纵向相似。

### 7.2.5　风、浪、流作用下系泊系统模型试验

系泊系统模型静态特性都满足要求后，即可对整个系统做在风、浪、流作用下的试验，可以获得浮体在不同海况下的总体响应、系泊线受力等。试验步骤如下：

(1)静水平衡状态下，检查整个模型系统处于正常状态；

(2)按要求在水池中造流，在流的作用下模型漂至某一平衡位置；

(3)按要求在水池中造风，在风的作用下模型移至另一平衡位置；

(4)按要求在水池中造不规则波；

(5)待不规则波到达模型约 1 min 后，开始同步记录所有的测试数据直至该单项试验结

束为止；

(6)根据ITTC(国际拖曳水池大会)的规定，模型在不规则波中每个单项试验时间至少相当于实体在海上1 h或者3 h；

(7)为了确保试验质量，在整个试验持续时间内，实时监视和显示各通道的记录数据和时间历程曲线；

(8)如果一切正常，则认为该单项试验顺利结束。

### 7.2.6 深水系泊系统混合模型试验

随着海洋工程的快速发展，海洋工程不断向更深海域开发是必然趋势。但是，世界现有的海洋工程水池尺寸仍然有限，目前国际公认的模型试验缩尺比为1∶100～1∶40，无法对整个深水系泊系统在合适的缩尺比范围内进行模型试验。比如，对于一作业水深2 400 m的深水平台，若选择缩尺比为1∶60，则要求水池深度约为40 m，水平跨度则会要求更大，即使将缩尺比选为1∶100，仍需要水池深度为24 m，世界现有的海洋工程水池均不能满足要求。

对于深水系泊系统模型试验面临的挑战，现有可行的办法主要有：选择更小的试验缩尺比；在室外湖泊或海湾进行模型试验；对模型试验进行简化，采用模型试验与数值计算相结合的混合模型试验方法。降低试验缩尺比，尺度效应不可避免，而且按照现有的试验设备和测试技术，试验数据的可靠性很难得到保障。在室外湖泊或海湾进行模型试验，试验缩尺比较大，系泊系统的布置不受水域尺度的限制。但是，该方法很难保证这些水域的环境条件与设计要求一致，测量的难度也较大，成本也更高，其推广性值得商榷。最后一个可行的也是目前常用的办法就是对系泊线进行等效截断设计，然后将水深截断模型试验与数值模拟计算相结合的混合模型试验方法。通常，混合模型试验被分为两种类型：被动式混合模型试验和主动式混合模型试验。

被动式混合模型试验是根据浮体系统实际需求确定合适的缩尺比及截断水深，应用系泊系统分析工具，对截断系统进行设计分析，然后在水池对截断系泊系统进行模型试验。试验完毕，还需要通过数值软件对截断水深模型试验进行“复制式”的模拟，通过调整各水动力参数，直到计算结果与试验结果一致为止。最后，在数值重构的基础上，对全水深系统进行数值模拟计算，即数值外推，此结果即为最终的混合模型试验结果。其试验流程如图7.4所示。

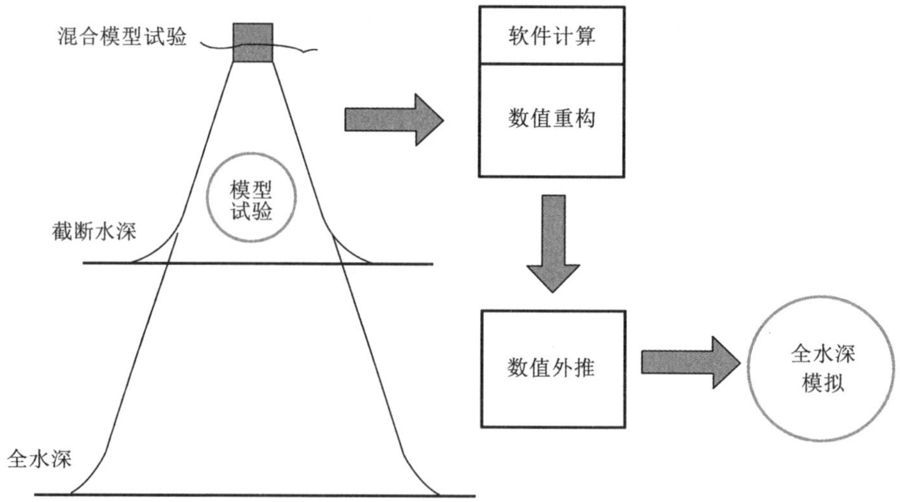


**图7.4 被动式混合模型试验流程图**

对于被动式混合模型试验，以下三个问题十分重要：准确合理地设计截断系泊系统；对水池模型试验进行数值重构；向全水深系统进行数值外推。

截断系统是对全水深系统的简化处理，截断设计的关键是如何正确模拟浮体的波频和低频运动、系泊线管的受力等。通常，在保证浮体吃水和排水量与全水深时一致的基础上，截断系统设计应遵循以下原则：

(1)保证截断系泊线的数目、布置情况与全水深时一致；

(2)保证截断系统对浮体的静回复力特性与全水深时一致；

(3)保证有代表性的单根系泊线张力特性与全水深时一致；

(4)保证浮式结构运动响应间的准静定耦合与全水深时一致；

(5)保证截断前后系泊线在波浪和海流中的惯性力、阻尼力等流体动力一致。

以上前四条主要是保证截断前后系泊系统的静态特性相似，第五条是要保证截断前后系泊线的动力特性一致，但是这一条目前还很难做到。

决定系泊线特性的主要参数有：长度、直径、单位长度质量、轴向刚度、初始预张力。可见对截断系泊线的可调参数有限，而截断方案又要受到浮体类型和尺寸、系泊线的材料、组成、预张力、预张角、截断水深等众多因素影响。目前，对系泊线的截断主要采取两种方法：试凑法和编写优化程序。

试凑法是采取“人工试凑”的办法手动选择并调整截断系泊系统相关参数，需要设计者有着丰富的设计经验和分析能力，否则会很费时费力。但是当系泊系统比较复杂时，需要“试凑”的参数很多，则很难获得满意的结果。因此，该方法只适合于简单地截断系泊系统设计。

应用先进的智能优化算法，结合系泊系统动力分析程序，设定合理的目标函数，对截断系泊系统进行优化设计，可以大大提高系泊系统截断设计的效率。但是，合理、全面、准确的优化程序的编写也是十分困难的，而且优化设计后的截断方案通常不止一种，仍然需要设计者有着丰富的经验，然后进行比较分析，确定最终截断方案。

数值重构是通过可靠的数值模拟软件对截断系泊系统模型试验进行“复制式”的模拟，输入试验时的模型参数、波浪时历和环境参数，通过调整各水动力参数，如浮体的慢漂力系数、阻尼系数、风力系数、流力系数、系泊线的阻尼及惯性力系数等，通过反复试算，最终使得软件的时域耦合数值计算的浮体总体响应和系泊线受力都与试验结果一致。从而证明软件数值计算结果的可靠性，以及软件操作者对软件操作的正确性。由于截断水深模型试验结果仅用于校准理论数值计算中的若干参数，故称之为数值重构。

数值外推仍然采用数值重构时的数值分析软件，建立全水深系泊系统的数值模型，保持数值重构时的各水动力参数不变，进行时域耦合分析，得到全水深系统的计算结果，并将该结果作为最后的混合模型试验结果。由于截断系泊系统很难正确模拟波频的全水深系泊线顶端张力和阻尼，通过这种数值外推方法，则可以充分考虑浮体与全水深系泊系统之间的耦合作用。

对截断系统的数值重构和向全水深系统的数值外推时，需要做到以下几点：

(1)选择得到业界认可的数值计算分析软件，具有可靠的时域耦合分析能力，软件使用者有着扎实的理论基础、丰富的软件操作经验；

(2)浮体的主尺度、质量、质心、转动惯量等特性参数都与试验时一致；

(3)系泊线的组成、长度、单位长度质量、预张力、系泊点的布局位置等与试验时一致；

(4)系泊系统的静态特性与试验时一致;

(5)试验时记录并经过校核的风、浪、流的大小和方向与试验时一致。

主动式混合模型试验是在截断点处设置由计算机控制的伺服系统,将未截断系泊线(试验模拟)和被截断系泊线(数值模拟)的受力和运动都实时反馈给伺服控制系统,并及时对未截断系泊线采取控制措施,如此进行模型试验,可以更加准确地获得系泊线的动力特性,预报全水深系泊系统的总体响应。因此,需要一套非常先进和精确的实时控制系统。但是,这样复杂的水下工作控制系统还有待于深入研究,主动式模型试验技术的真正实施还是面临着很大的技术困难。其试验流程如图 7.5 所示。

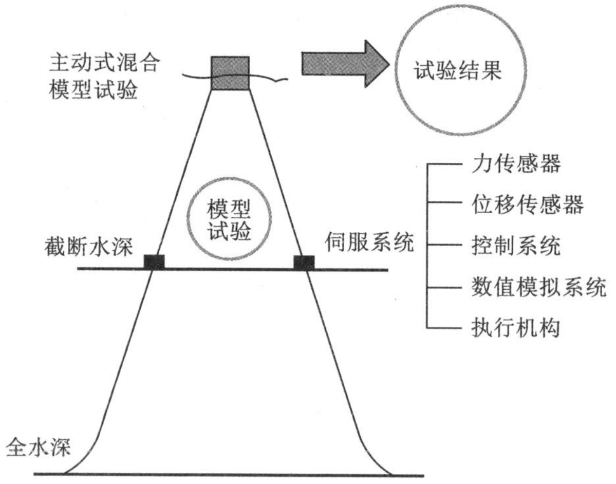


**图 7.5　主动式混合模型试验流程图**

# 7.3　动力定位试验

## 7.3.1　全动力及混合动力定位试验

随着海洋工程浮体作业水深的不断增加,作业海况也愈加恶劣,对系泊系统的设计提出了严峻的挑战,动力定位系统则可以更好地进行弥补,包括全动力定位系统和动力定位与系泊系统相结合的混合动力定位系统。

动力定位系统模型试验的主要目的是:

(1)确定稳态动力定位能力预报,研究浮体在稳定的风、浪、流作用下保持固定的位置和艏向角的能力,以及在各个不同方向上所能承受的最大稳定风速和流速;

(2)在全动力定位控制下的各指定试验工况中,验证能否达到足够的定位精度;

(3)对混合动力定位下的系泊系统进行试验研究,确定定位精度,验证其稳定性和可靠性;

(4)为动力定位系统的设计提供试验依据。

全动力定位系统模型试验步骤如下:

(1)安装动力定位模型试验系统,并进行系统联调;

(2)根据试验要求,采用或设计控制策略和控制方法,并在模型试验中不断优化系统各参数,确定各个不同方向上所能承受的最大稳定风速和流速;

(3)在风、浪、流联合作用下,进行全动力定位模型试验,预报定位精度,并对整套系统进行研究、分析和完善,确定各工况定位精度。

混合动力定位系统模型试验步骤如下:

(1)同上,安装动力定位模型试验系统,并进行系统联调;

(2)单独调试并进行系泊系统模型试验,根据刚度曲线调试好系泊系统;

(3)在风、浪、流联合作用下,进行混合动力定位的系泊系统试验,预报定位精度,测量浮体的运动、推力器受力及系泊系统受力等。

## 7.3.2 低频慢漂力试验

浮体在风、浪、流等环境载荷的作用下,将产生六个自由度的运动,此运动包含了高频(波频)和低频运动。低频运动可以认为是由螺旋桨的推力、舵力、流力、风力和缓变的波浪漂移力等产生;而高频运动主要是波浪引起的一阶波频运动响应,随波浪的起伏而往复。一般来说,动力定位系统并不需要抵消高频振荡运动,仅是用来抵消纵荡、横荡、艏摇三个自由度的低频运动。因此,对动力定位系统在环境载荷下的二阶低频慢漂力进行模型试验也是重要的试验内容之一,可以为设计动力定位推力系统提供可靠的依据。

Pinkster 二阶波浪力模型试验理论认为,当需要测量模型的一阶受力时,只需将模型刚性固定起来,使其在波频范围内不发生运动。而当需要测量模型低频漂移力时,就必须对其慢漂运动加以测量控制。此外,由于系泊系统的二阶力要受系统的一阶运动的影响,因此要获得准确的二阶慢漂力数据,必须使模型的一阶运动不受系统的影响,得到充分的释放。因此,必须设计一个具有如图7.6所示的频率特性限制系统。从图中可以看出,在二阶慢漂力的频率范围内,系统响应达到近100%,系统基本在频率范围内运动。而在波频范围内,系统响应基本可以忽略不计,表明系统在慢漂频域外对模型几乎没有贡献。

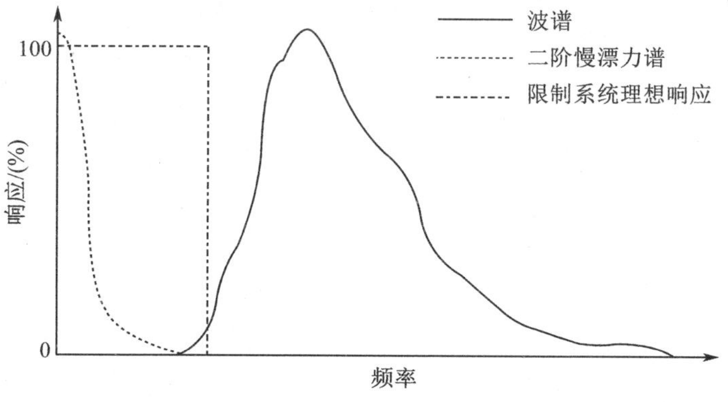


**图7.6 系统频率响应曲线**

图7.7所示的动力限制系统可以满足以上讨论的频率特性的要求。当波浪作用到模型上,使模型产生波频及低频范围内的运动,将运动测量下来,并将它们反馈到控制器,控制

器滤去高频量之后仅将低频信号送至动力系统,并相应对模型施加所需的力而达到限制其低频运动的目的,即主动式动力限制系统。但相对于测量波浪二阶慢漂力试验来说,此系统过于复杂,可采用一种比较简单的利用线性弹簧的被动式系统,如图 7.8 所示。运用被动式制约系统要仔细考虑对弹簧系数的选择,使所测得的力对真实波浪力的放大效应达到最小程度。

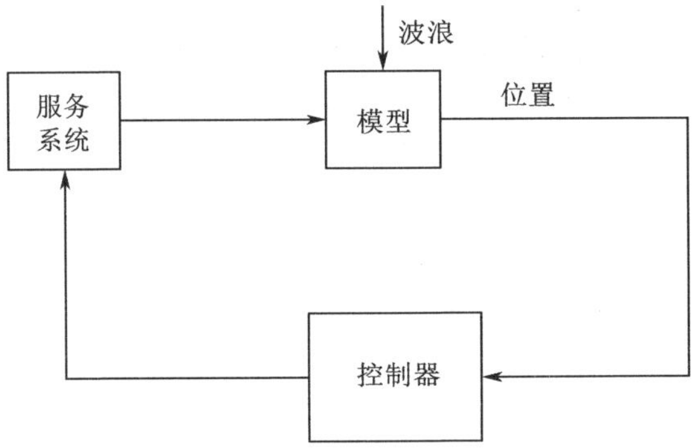


**图 7.7 主动式动力限制系统示意图**

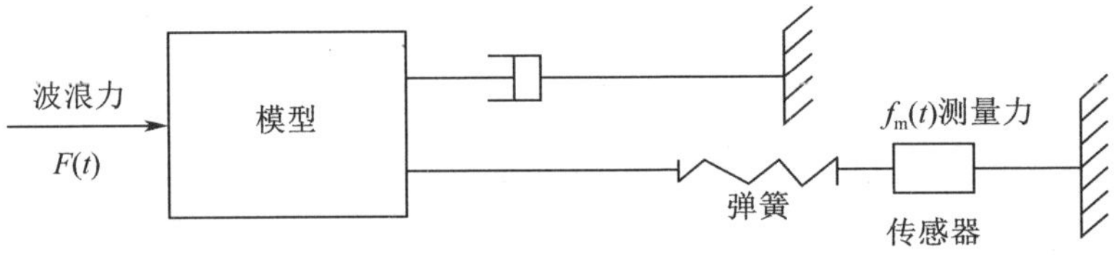


**图 7.8 被动式限制系统示意图**

## 7.4 多浮体系泊试验

随着海洋资源的不断开发,海上多浮体系泊结构也相继出现,多浮体的研究近年来也得到了快速发展。多浮体所受到的动力响应与单浮体系泊相比存在差异,系泊多浮体之间的距离一般较小,相邻浮体之间存在着遮蔽效应以及波、流反射等作用的影响,甚至产生共振效应,导致运动量和受力剧增,影响整个系统的安全性。因此,对多浮体系泊系统进行试验研究,研究多浮体的水动力响应特性以及其在各浮体间的耦合作用,有着重要意义。

目前常见的多浮体系统主要有:FPSO 与穿梭油轮的原油外输系统、FLNG(浮式液化天然气生产装置)与 LNG(液化天然气船)的外输系统、海上平台安装系统、多个起重船联合起吊作业系统、海上超大型浮体以及钻井平台系统和海上多船间大型构件过驳系统等。多浮体系泊方式大体上可分为串联作业、并联作业和串并联组合形式。图 7.9 为并联作业的 LNG 传输系统。多浮体系统中,浮体间的相对运动以及其间的缆绳、护舷和连接构件荷载是设计中考虑的重要指标。

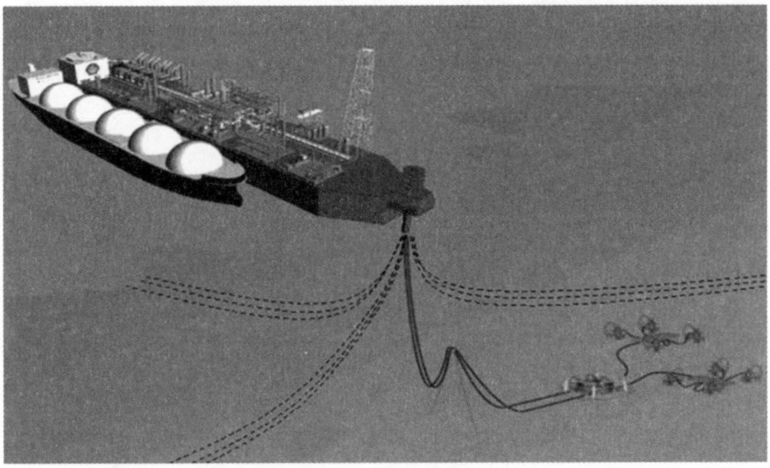

图 7.9　LNG 传输系统

多浮体系泊试验的目的主要包括：

(1)校核多浮体之间的相对运动、系泊情况和浮体之间是否会发生碰撞等，验证系统的安全性；

(2)确定多浮体系泊系统作业的极端海况；

(3)探索可行的方法限制浮体之间的相对运动，减小碰撞发生的概率。

多浮体系泊试验的准备与连接工作比单浮体系泊系统复杂，浮体之间的系泊线、护舷等也要按照相似准则进行准确模拟。试验方式与单浮体系泊系统一致，同样是测量不同的风、浪、流环境载荷下多浮体系统的运动响应、系泊力等。试验需要测量的数据包括以下内容：

(1)环境载荷的大小及方向，包括风速、流速、波高等物理量；

(2)多浮体六个自由度运动以及它们之间的相对运动和最小距离；

(3)系泊系统的受力情况，包括系泊线的受力；

(4)多个浮体之间连接设备的受力情况；

(5)多个浮体之间的相互碰撞力。

## 7.5　气隙、甲板上浪与砰击试验

气隙是波浪表面到平台下甲板下表面的垂直距离，是平台设计过程中要考虑的关键问题之一。恶劣海况时，如果气隙减小为零，则意味着水面接触甲板，产生甲板上浪和波浪砰击，严重的会损坏平台甲板，威胁平台安全。

由于气隙问题的高度非线性特征，使用目前以势流为基础的线性波浪理论不能得到满意的结果。即使使用二阶非线性波浪理论，也不足以反映问题的实质。因此，对气隙极值的预报，还没有提出合理的概率模型，需要寻求新的数值方法，试验研究是该问题不可或缺的辅助手段。

气隙试验时，在平台模型的甲板底部至水面间安装多个浪高仪，并安装水下摄像机进行摄像。将测量所得的相对波面升高与平台干舷大小相比较，判断平台气隙是否为零。

当气隙为零时,则引起甲板上浪,其发生过程大致可分为以下四个连续的过程:

(1)船体和波浪相对运动导致波浪越过干舷发生上浪;

(2)水体越上甲板,发生上浪;

(3)上浪水体以浅水波的形式沿着甲板流动;

(4)上浪水体冲击甲板和船上结构。

对于船舶和海洋工程浮体,甲板上浪问题非常严重,如图7.10所示。有调查显示,20艘在北海工作的FPSO平台和FSU平台在五年内有12艘受到破坏,导致这些平台受到破坏的行为包含17次上浪和两次波浪砰击。模型试验是研究甲板上浪问题的重要手段之一。

**图7.10 甲板上浪**

甲板上浪试验的主要目的如下:

(1)确定甲板上浪的频率,测量甲板上浪时波浪对浮体或是甲板结构的砰击载荷;

(2)计算甲板上浪对甲板设备或其他设备的影响;

(3)通过试验结果的分析比较,可以对浮体的设计进行优化或改进,减小甲板上浪对整个浮体系统的损害,并降低结构失效的风险。

针对甲板上浪试验的准备与测量设备主要包括:

(1)浮体模型的首部进行标记,一般为方格状,便于观察甲板上浪形成的飞溅和上浪后波浪越过甲板时所达到的高度。

(2)浪高仪:浮体模型首部甲板安装多个浪高仪来测量波高,监测发生甲板上浪的次数和频率,以及甲板上浪时首部不同位置的浪高分布。

(3)摄像机:对浮体模型上部或侧面进行实时拍摄,以验证或修正浪高仪的测量结果。

实际上,甲板上浪往往伴随着波浪砰击,若是波浪爬升高度足够,便会发生甲板上浪。通过砰击试验,测量底部甲板或立柱砰击载荷的大小,可以研究波浪砰击现象对海洋浮体可能产生的危害。同时,通过试验结果的分析比较,可以对浮体结构设计进行优化或是改进,降低主要结构失效的风险。

在甲板上浪试验的基础之上,砰击试验时,还需要在模型容易产生砰击的部位安装多个压力传感器,测量不同位置发生波浪砰击时平台结构受到的载荷大小和载荷分布情况。同时,也要对发生砰击的关键部位进行摄像,记录发生砰击的全过程。

## 7.6　涡激振动试验

### 7.6.1　立管涡激振动试验

作为一种强非线性流固耦合现象,涡激振动(vortex - induced vibration,VIV)是海洋细长结构物设计过程中面临的热点和难点问题之一。如海洋工程立管受波浪及海流的作用,立管会在垂直于和顺应于来流的两个方向上产生往复周期性振动,立管尾流区域伴随有交替发生的漩涡脱落过程,且在稳定流速下,表现出稳定的脱落频率,即泻涡频率,如图 7.11 所示。当漩涡脱落频率恰与立管结构固有频率相当时,立管振幅将明显增大,发生共振(锁定)现象。涡激振动极易对立管结构造成疲劳损坏,严重时会引起管内油气资源泄漏,造成巨大的经济损失,破坏海洋生态环境,后果不堪设想。

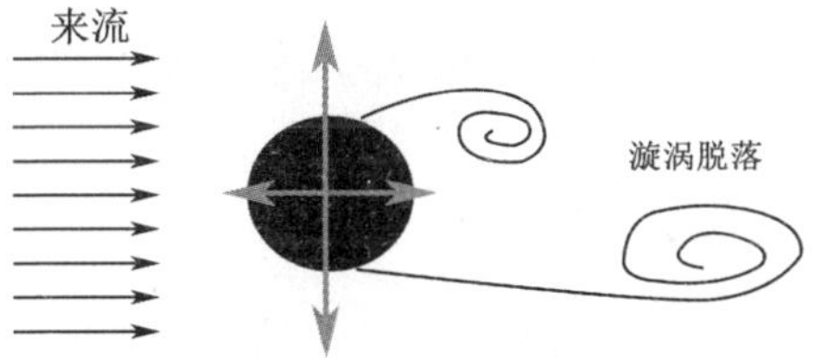


**图 7.11　涡激振动**

模型试验是研究涡激振动机理的一个重要手段,经典的试验方法主要包括以下几个:

(1)自激振动试验:早期的自激振动研究大多只是着眼于横流(cross - flow)方向结构响应,但随着对涡激振动多自由度特性认识的日益加深,关于圆柱体横流和顺流向涡激振动耦合效应的研究开始出现。

(2)受迫振动试验:与圆柱体质量比、阻尼比等结构参数无关,仅以既定的振动幅值和频率为工况控制参数,刚性圆柱体端部无边界约束,其在研究对象、目的以及原理上均与自激振动试验明显不同。但从流固耦合过程中能量输入和输出关系来看,自激振动又可看作受迫振动在能量平衡状态下的一种特例。

(3)细长立管模型试验:深海立管是细长柔性结构,来流流场的剖面形式、轴向张力分布及边界约束等都会对其结构动力响应产生显著的影响,且涡激振动通常具有多模态耦合作用特性。随着对掌握立管涡激振动响应特性的需求日益增长,加之试验技术的进步,国内外很多机构和学者进行了详细的细长立管模型试验。

(4)现场监测:细长立管模型试验大多在各类实验室内开展,受场地及试验设施约束,对立管在深海服役期间遭遇海况条件的还原程度有限。为了能够更加真实地观测到海洋立管在实际服役环境下的涡激振动响应,一些大型研究机构以及深海油气资源开发公司相继斥巨资开展了很多超大尺度模型试验甚至实海域现场监测项目。大尺度或全尺度试验对试验条件要求高,包括沿立管轴向布置的众多的数据测量系统以及精密的数据采集系统,试验成本较高。而且,实海域海流的随机特性对立管涡激振动响应特性的影响,对试验结果难以进行分析、处理和形成结论。

对于海洋工程立管,到目前为止,水池试验是研究其涡激振动最主要的手段。与浮体系泊系统试验不同的是,涡激振动模型试验主要对流进行模拟,试验可以在试验水槽、配备造流装置的海洋工程水池或者船模拖曳水池进行。试验时,将细长立管按细长比例进行缩小,并施加等同的约束条件来模拟立管的实际作业环境。试验操纵性良好,来流速度易于控制,数据采集可靠性高。

对于立管涡激振动试验,试验装备设计是否合理是试验成功与否的关键,它要能够为柔性构件提供支撑,便于安装测试,还要与拖车紧密相连。设计这样一个试验装置相对来说较为复杂,目前国内外有关涡激振动的试验大部分都是在大长度的拖曳水池进行,有拖车拖动,以获得较大的流速。

立管涡激振动试验主要测量立管的振动模态、振幅和频率等,可通过以下三种方法进行测量:

(1)在立管模型上贴应变片,成本较低,但精度不高;

(2)在立管模型上放置加速度仪,可提高精度,但加速度仪的质量和数量会对结果产生影响;

(3)利用水下摄像机进行拍摄,数据结果最准确,但成本较高。

## 7.3.1 SPAR 平台涡激运动试验

近年来,SPAR 平台作为深水大尺度浮式平台,得到了广泛应用,而它的大吃水柱状主体结构,导致在一定的流场条件下会产生漩涡脱落,与涡激振动现象一致。但是,SPAR 平台相对较小的纵横比、整个结构体的刚性特征,以及作为海洋平台特有的漂浮、系泊和水动力性能,又使得它在漩涡脱落的作用下,显示出与海洋立管等细长体完全不同的运动特征。

SPAR 平台的柱形主体在强流作用下引起漩涡脱落,从而产生大幅的水平运动,增加立管及系泊系统的载荷。为了区别于一般的涡激振动,将 SPAR 平台这种独有的运动响应称为涡激运动(vortex - induced motions,VIM)。SPAR 平台的涡激运动是涡激振动中的一个特例,它的响应幅值很大,周期较长。因此,涡激运动是 SPAR 平台运动性能中不可忽略的现象,是 SPAR 平台设计、建造及应用过程中需要考虑的重要问题之一。

SPAR 平台涡激运动试验是对数值模拟计算的一个重要补充,通过试验,可以获得立柱结构涡激运动的运动频率及相关运动幅值,并与结构的固有频率相比较,判断 SPAR 立柱发生涡激振动的可能性及严重程度。

SPAR 涡激运动试验通常选择在拖曳水池进行,不需要风和浪,流的模拟通过拖车带动试验装置在水中运动。试验装置要提前准备,如方形框架,框架中央布置 SPAR 模型,通过系泊链与框架水平连接。同时,为了准确测量平台在水平面内的涡激运动,可在框架上设置机构,防止平台的横摇和纵摇运动。试验进行一定时间后,SPAR 平台的涡激运动稳定下来,产生比较明显的往复运动,即可以停止试验了。

SPAR 涡激运动试验也可以直接在海洋工程深水池进行,从而更加准确地模拟流场,进行涡激运动的预报。

# 参考文献

[1] 盛振邦,刘应中. 船舶原理[M]. 上海:上海交通大学出版社,2004.
[2] 李积德. 船舶耐波性[M]. 哈尔滨:哈尔滨工程大学出版社,2003.
[3] 俞湘三,陈泽梁,楼连根,等. 船舶性能试验技术[M]. 上海:上海交通大学出版社,1991.
[4] 冯铁城. 船舶摇摆与操纵[M]. 北京:国防工业出版社,1980.
[5] 李云波. 船舶阻力[M]. 哈尔滨:哈尔滨工程大学出版社,2006.
[6] 绍世明,赵连恩,朱念昌. 船舶阻力[M]. 北京:国防工业出版社,1992.
[7] 元良诚三. 船舶运动力学[M]. 北京:国防工业出版社,1966.
[8] 勃拉哥维辛斯基 C H. 船舶摇摆[M]. 北京:高等教育出版社,1959.
[9] 杨建民,肖龙飞,盛振邦. 海洋工程水动力学试验研究[M]. 上海:上海交通大学出版社,2008.
[10] NEWMAN J N. Marine hydrodynamics[M]. Cambridge:MIT Press,1977.
[11] 康庄,孙丽萍. 海洋工程模型试验技术[M]. 哈尔滨:哈尔滨工程大学出版社,2018.
[12] 范洁川. 近代流动显示技术[M]. 北京: 国防工业出版社,2002.
[13] PINKSTER J A. Low Frequency Second Order Wave Exciting Forces on Floating Structures [D]. Delft,Netherlands:Technische Universiteit Delft,1980.
[14] 张涵信. 流动显示技术[M]. 北京:国防工业出版社,2002.
[15] 袁昱超. 复杂海洋环境下深海立管涡激振动非线性动力响应研究[D]. 上海:上海交通大学,2019.
[16] 王颖. Spar 平台涡激运动关键特性研究[D]. 上海:上海交通大学,2010.
[17] 崔尔杰,洪金森. 流动显示技术及在流体力学研究中的应用[J]. 空气动力学学报,1991,9(2):190 - 199.
[18] 战培国. 大型低速风洞中的流动显示技术新进展[C]// 第六届全国流动显示学术交流会,2006:10 - 15.
[19] 陈卫标,张亭禄,吴东,等. 原子廓线激光多普勒测速仪[J]. 光学学报,1997(3):346 - 350.
[20] 宋宙模,张彬乾,李建英,等. 应用于流场测量的激光高频空气超声声光偏转效应[J]. 中国激光,1995(9):691 - 694.
[21] KOPTYUG I V, ILYINA L Y, MATVEEV A V, et al. Liquid and gas flow and related phenomena in monolithic catalysts studied by 1H NMR microimaging[J]. Catalysis Today Structured Catalysts & Reactors,2001,69(1 - 4):385 - 392.
[22] BOSNIAKOV S. Experience in integrating CFD to the technology of testing models in wind tunnels[J]. progress in aerospace sciences,1998,34(7 - 8):391 - 422.
[23] GP S C, SEO J, PARK J, et al. Towed underwater PIV measurement of propeller wake in self - propelled condition[J]. Experiments in Fluids,2019,60(12):184.

[24] American Institute of Physics. Physics of fluids A:Fluid dynamics(1989—1993)[M]. The American Institute of Physics,1993.
[25] 中国计量科学研究院情报室. 激光在计量技术中的应用:译文集[M]. [出版地不详]:[出版者不详],1972.
[26] 杨新建. 激光位移测量系统在长度计量技术中的应用[J]. 计量与测试技术,2017,44(7):48-49.
[27] 张国威,王兆民. 激光光谱学:原理与技术[M]. 北京:北京理工大学出版社,1989.
[28] YIP S,NELKIN M. Application of a Kinetic Model to Time-Dependent Density Correlations in Fluids[J]. Physical Review,1964,135(5A):1241-1247.
[29] 蔡树棠,刘宇陆. 湍流理论[M]. 上海:上海交通大学出版社,1993.
[30] 周哲玮. 湍流理论新进展及其应用[M]. 上海:上海大学出版社,2000.
[31] 戴昌晖. 流体流动测量[M]. 北京:航空工业出版社,1992.
[32] 王军. 流体力学中流动测量技术的新发展[J]. 河南石油,1997(4):11-14.
[33] 闻建龙. 流体力学实验[M]. 镇江:江苏大学出版社,2010.
[34] 陈克城. 流体力学实验技术[M]. 北京:机械工业出版社,1983.
[35] 胡卓. 浅谈船舶操纵性试验内容和方法[J]. 广东造船,2003(3):13-16.
[36] 马向能,孙张群,冯骏. 测量不确定度分析在操纵性试验中的应用[J]. 船舶力学,2004,8(5):52-61.
[37] 孙运旺. 传感器技术与应用[M]. 杭州:浙江大学出版社,2006.
[38] 黄继昌,徐巧鱼,张海贵. 传感器工作原理及应用实例[M]. 北京:人民邮电出版社,1998.
[39] 周继明,江世明. 传感技术与应用[M]. 长沙:中南大学出版社,2005.
[40] 马明建. 数据采集与处理技术[M]. 2 版. 西安:西安交通大学出版社,2005.
[41] 沙占友. 数字化测量技术与应用[M]. 北京:机械工业出版社,2004.
[42] 王汉义. 模-数与数-模转换技术基础[M]. 哈尔滨:哈尔滨船舶工程学院出版社,1986.
[43] 张如洲. 微型计算机数据采集与处理[M]. 北京:北京工业学院出版社,1987.
[44] 梁云芳,王迎晖,廖又明,等. 冰水池发展现状及趋势[J]. 舰船科学技术,2015,37(S1):25-30.
[45] 王帅. 冰缘区航行船舶阻力性能试验研究[D]. 哈尔滨:哈尔滨工程大学,2017.
[46] 吴铁成. 船舶精细流场数值模拟及基于 PIV 的试验研究[D]. 哈尔滨:哈尔滨工程大学,2015.
[47] 中国造船工程学会. 船舶力学的现状与最新发展趋势[C]// 2008 年船舶水动力学学术会议暨中国船舶学术界进入 ITTC30 周年纪念会论文集,2008:7-38.
[48] 于昌利. 循环水槽系统设计及参数研究[D]. 哈尔滨:哈尔滨工程大学,2009.